ザ・ファースト・ペンギンス

The First Penguins

新しい価値を生む方法論

松波晴人 著

平田智彦 デザインプロデュース

講談社

まえがき

これは、「新たな価値の創造に挑む人」のための本である。

今ほど、「新たな価値の創造」が求められている時代はない。

変化の激しい時代には、モノやサービスがコモディティ化するのも早い。そんな中、企業が競争優位を維持するためには、連鎖的に新たな価値を生み続ける必要がある。

特に破壊的なイノベーションを起こす企業が現れると、それまでの競争優位は吹っ飛んでしまう。そんな今だからこそ、私たちはイノベーションを起こす側にならないといけない。

起業して新規ビジネスをスタートさせたり、企業の中で新たなモノ・サービスを生み出したりするために、最初にしなければならないことは「新たな価値の創造」である。「その価値からどう収益を生むか」を考えるのは、その次である。「新たな価値」がなければ、収益も生まれない。とにもかくにも、「新たな価値の創造」が最初に必要なのだ。

多くの企業や人は、しかしながら、ひとつの問いを前にして立ち止まってしまう。

「新たな価値を、どうやって生めばいいのだろう?」

この重要な問いが、本書のテーマである。

この問いに答えるべく、我々行動観察研究所は「新価値創造の方法論」に着手した。クリエイティブシンキング、KJ法、行動観察、U理論、デザイン思考、これらの考え方のエッセンスを整理し、知的誠実性を重視する形でまとめあげたのが、「フォーサイト・クリエーション」という方法論である。フォーサイトは「未来への展望」という意味である。新たな価値のオポチュニティ（市場機会）やコンセプト（価値を概念化したもの）を創り、次のアクションを具体化していくことで、未来への展望を築くことができる。

新たな価値の創造に挑むべく行動を起こすと、あなたは2つの壁にぶち当たることになる。ひとつ目は、「新たな価値をどうすれば発想できるか？」という壁である。そして、2つ目は「誰もが初めて聞くような画期的な新価値を、組織でどうやって意思決定するのか？」という壁である。

これらの壁を越えていくために重要なことは、フォーサイト・クリエーションの8つの理論に集約されている（本書ではそれを、8つの玉と表現している）。

読者のみなさんが「新たな価値を生む人（フォーサイト・クリエーター）」になれるよう、本書を通じてこの8つの玉をひとつずつお渡しさせていただきたい。

本書では、これらの8つの玉を読者のみなさんにクリエイティブな形でお渡しできるよう、様々な試みに挑戦している。

「絵と文章の統合」「謎解きにおける様々な仕掛け」「ドラマ形式」など、本書をこれまでにないようなスタイルにしたのには理由がある。

それは「クリエイティビティを訴求する書籍である以上、本としてもクリエイティブでありたい」と考えたためである。

この新たな試みは、株式会社 ziba tokyo の平田智彦代表取締役との共創によって生まれた。ストーリーから絵が生まれ、絵がストーリーに影響し、さらには書籍全体のデザインが変わっていく、そういったクリエイティブなプロセスを経て本書は創られた。

こういった新しい試みは、実現しようとすると膨大な時間がかかる。制作の過程で平田代表とディスカッションを何度も行ったが、それでも想定よりもずっと少ないやりとりで完成できたのは、平田代表と筆者との間に、深い部分での思いや考え方が既に共有されていたことが非常に大きい。

さっそく物語を始めたい。準備はいいだろうか？

行動観察研究所　所長　松波晴人

ザ・ファースト・ペンギンス　目次

まえがき　1

第1部　発想編　新たな価値をどうすれば発想できるのか？

第1章　新価値創造、何から始めるべきか？　8

メタの振り返り　玉①　32

第2章　気づきをどう解釈すればいいのか？　38

メタの振り返り　玉②　60

第3章 これまでの思考から脱却するには？ 64
メタの振り返り 玉③ 88
第4章 新たな仮説を生むには？ 92
メタの振り返り 玉④ 116
第5章 仮説からどう新価値を生むのか？ 126
メタの振り返り 玉③④ 158

第2部 組織編
画期的な新価値を、組織でどうやって意思決定するのか？

第6章 理解されるために最初にするべきことは？ 166

メタの振り返り　玉⑤ 190

第7章 画期的な新価値をどう目利きするのか？ 194

メタの振り返り　玉⑥ 234

第8章 意思決定するために何が必要か？ 242

メタの振り返り　玉⑦ 278

第9章 スキルや知識よりも重要なこととは？ 284

メタの振り返り　玉⑧ 314

あとがき 322

第1部 発想編

新たな価値をどうすれば発想できるのか？

第1章 新価値創造、何から始めるべきか?

ここは、ある企業のある組織。
そこそこ大きい会社で、そこそこ儲かっている。

私はメタ。みんなにそう呼ばれている。

時間がさらさらと流れ、明日も今日と同じ日が来るものと思っていたある日。私は上司から、ジョージ君を呼んでくるよう言われた。

ジョージ君は私の同僚で後輩。私からみると、ジョージ君はとても子供っぽい。好奇心旺盛だけど落ち込みやすく、まるで「傷つきやすいダイヤモンド」みたいな人だ。

「なにかやっかいなことにならなければいいけど」と妙な予感がする。

しかし、これが発端となって大きな嵐がまきおこり、最終的にいろいろな人の人生を変えてしまうことになるとは、その時には誰にもわからなかった。

部屋に入ってくるジョージ君の目が期待に満ちて、キラキラしてる。これは大変だ。安請け合いして、後で困るパターンだ。慎重になってくれればいいんだけど……。

ジョージ君を呼び出した私の上司は、フリップ課長という。彼はいつも、〝自由〟を感じさせる服を身に着けている。フリップ課長はジョージ君に席をすすめると、さっそく本題を切り出した。

「会社の将来を支える
新しい価値の創造を、
君が担当してくれないか？」

「これは〝フォーサイト・クリエーション・プロジェクト〟と名付けられた重要任務だ。ぜひイノベーションを起こしてほしい、という上からの指示が出たのだよ」

あまりに意外で大きな話に、ジョージ君も私もあっけにとられてしまう。「上」というのは、フリップ課長の上の部長だろうか？ それともさらに上の社長のことだろうか？ でも、そんなことにはおかまいなく、フリップ課長はたたみかける。

「プロジェクト名にもなっているフォーサイトというのは、未来への展望という意味だ。我が社が未来に何をしているべきなのか、を考えてほしい。現状の延長線上を考える、というよりは、不連続な変化を起こす、という大きな仕事だ。このプロジェクトには、君が適任だと思うんだ。通常業務をしながらになるので多忙になると思うけど、会社の将来のためだ。引き受けてくれるかどうか検討してほしいんだけど、どうかな？」

まさか、こんな大変な仕事、引き受けちゃったりしないよね？ と思う間もなく、ジョージ君が言う。

「ぜひ、やらせてください!!」

あーあ、言っちゃったよ！

「それはなによりだ。よかったら、メタ君も手伝ってくれないかな。では、頼んだよ」

部屋を出て、興奮状態のジョージ君。

「どうして、こんな大きい話、よく考えもせずに引き受けちゃうのよ！」

「えっ？　だって、面白そうだったから。それに、会社として次のことを考えておかないと、と常々思っていたんです」

「でも、新しい価値の創造なんて、どうやって実現するつもりなのよ？　なにかいい方法があるの？」

「いや、何もないです」

　あまりの無謀さに私は絶句。そして、少し間があった後、こう言ってしまった。

「私はあそこにたまたま同席してただけで、引き受けたわけじゃないから、ジョージ君が責任をもってやってね」


　席に戻ったジョージ君は、さっそく検討を始めた。それも、たった1人で。ジョージ君が最初に取り組んだのは、計画づくりだった。全体のプロセスや、いつ何を指標としてチェックするのか、などを最初にしっかりと考えておこうと思ったんだろう。いつまでに案を作って、できた案をどれぐらいの時間をかけて実現して、という全体の進行をスケジューリングしていく。

　計画を作った後、最初にジョージ君が実施したのは、「ブレーンストーミング（ブレスト）」だった。いろいろな部署の社員を集めて、アイデ

計画のワナ

何事においても計画することは重要であるが、新価値創造は「誰も登ったことのない山への挑戦的な登山」なので、あまり緻密に計画を立てても思うようにはいかない。想定より早く登れるかもしれないし、その逆かもしれない。細かく管理するよりも、柔軟性を持たせることのほうが重要である。

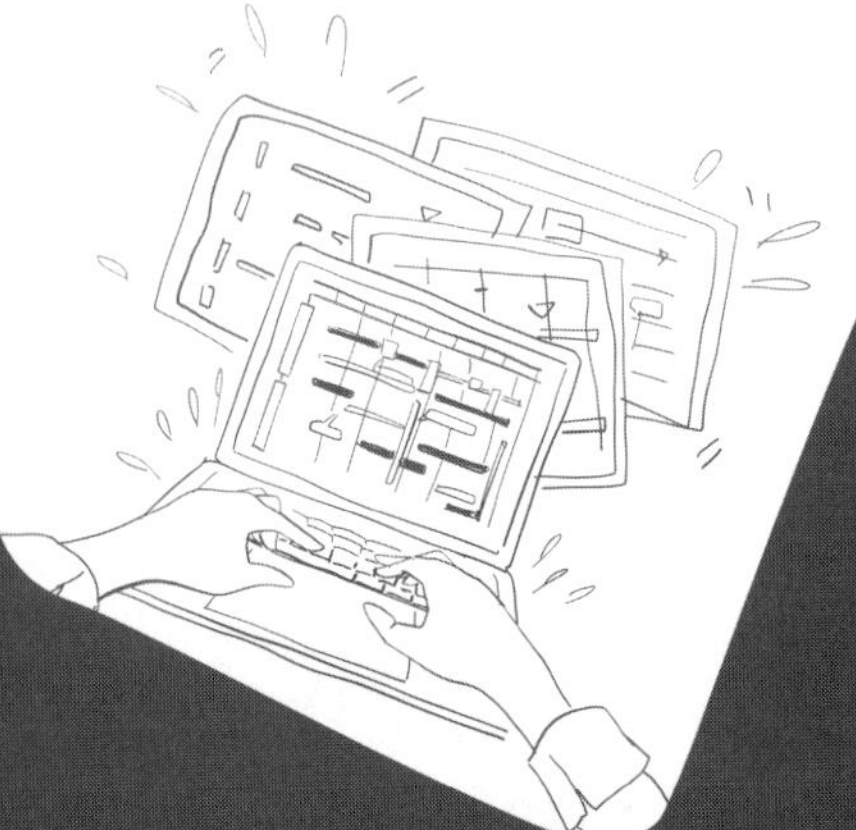

イア出しをする、というやり方だ。いろいろな意見が出た。そして、参加者はみんな大変盛り上がった。

次は、自社が持っている技術から発想してみよう、と思い立ったようだ。技術マップをしっかり作り、そこから考える、ということを試みた。さらに、「識者にヒアリングしよう」と思い立ったようで、様々な専門家に話を聞きに回っていた。

このようにいろいろな取り組みをしたジョージ君だったが、成果は芳《かんば》しくなかったようだ。社内でのブレストは大いに盛り上がったが、画期的な案であると同時に大きな市場が創れそうな案は残念ながら出てこなかった。

悲惨だったのは「自社の技術からの発想」だった。技術そのものは素晴らしいものばかりだが、「そこからどういう価値を生むか」という話になると、どうしても「これだ！」という案は出てこなかった。

識者へのヒアリングは、

「具体的に何か一緒に取り組む案があるの？　あなたは私に何をしてくれるの？」

と聞かれることが多く、知識はいろいろと得られたものの、「我が社が何をしたいのか、が明確になっていないと、ヒアリングに行っても

ブレストのワナ

自由に意見を出し合うブレストは有効な方法だが、「やればとにかく何かが生まれる魔法の杖」ではない。実施すれば、場が盛り上がって高揚感は得られるかもしれないが、「そこから具体的に何が生まれたか？」とあとから振り返ると、何も生まれずに終わっていることが多い。

意味がなさそうだ」ということをジョージ君が実感して終わった。

「このままでは、綿密な計画も絵に描いた餅だ」

とつぶやくジョージ君を、何度か見かけた。でも、私にはアドバイスする言葉がみつからない。

「新たな価値を生むには、どうすればいいんだろう?」

「特に、最初は何から始めればいいんだろう?」

そうつぶやきながら、ジョージ君が机の前でふさぎ込んでいることが増えた。


私は見るに見かね、思い切ってジョージ君を外に連れ出すことにした。ランチに誘ったのだ。会社の近くには公園がある。緑にあふれた道をぶらぶらと2人で歩く。ジョージ君はそれでも考え事をしている。話をしてくれない。

すると、ジョージ君におかしなことが起こった。急に立ち止まったかと思うと、気持ちはここにあらず、といった状態に入り込んだ。こちらが何を言っても反応しない。

「大丈夫!?」と声をかけても、目はぐりぐりと動いているものの、呼びかけには答えない。まるで「起きながら寝ている」ようだ。こ

技術発想のワナ

自社の素晴らしい技術を活かして新しい価値を生み出したくなるのは当然である。しかし、それでは順番が逆である。「食材を先に決めてから、最高の料理を考えようとする」のではなく、「どういう料理が喜ばれるかを決めてから、食材を探す（提供する価値を明確にしてから手段としての技術を探す）」べきである。

れはまずいと思い、なんとかベンチに座らせた。そして、水を用意しようと、私は走り出した。ところがジョージ君のもとに戻ってきたとき、彼の姿は消えていた……。

じつはそのときジョージ君には、恐るべきことが起こっていたのだった。

突然、足下が崩れ、ジョージ君は穴に落ちていってしまった。

気づくと、自分の目の前が仮面のようなもので覆われているようで、よく見えない。

「仮面があるとロクに外が見えない。
外してみよう」

するると、何か恐ろしい怪物のような、でもなんだか神々《こうごう》しいようなものがうっすらと見えた。

「そこにいるのは誰？」

と、ジョージ君がおそるおそる訊ねると、その怪物が答えた。

「君に知恵をさずけよう」

「えっ？」

「すべては気づきから始まる……」

ジョージ君があっけにとられて、何も言い返せないうちに、その怪物はどこかに去ってしまった。

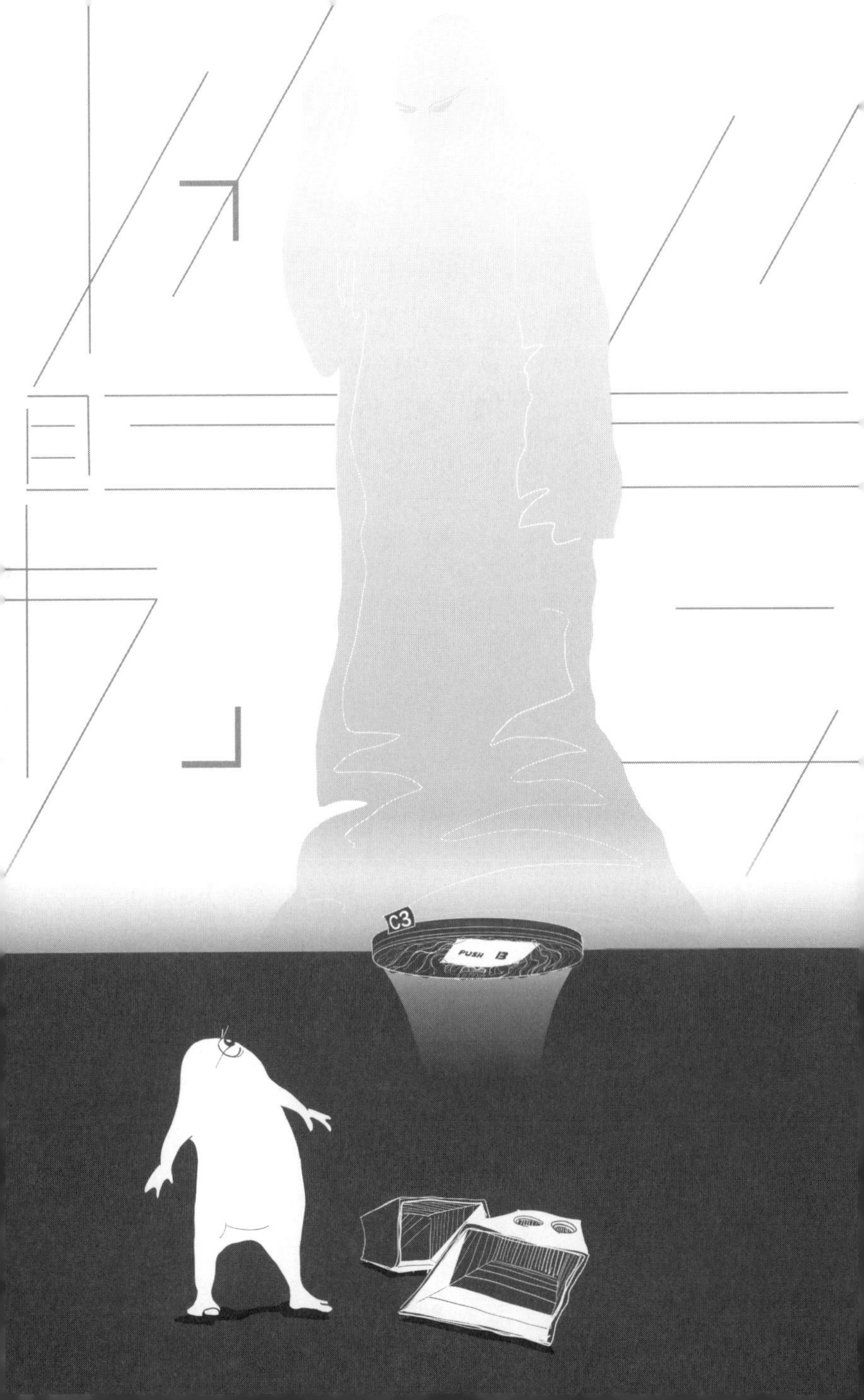
C3
PUSH B

ジョージ君があたりを見回すと、そこは部屋の中のようだ。自分の体もなぜかカエルのような姿になっている。指も3本になっている。不思議な世界に来たことで、自分の体も変化してしまったようだ。

「どうやら僕は、部屋に閉じ込められているようだ」

「でも、マンホールのようなものがある。ここから出られるかもしれない。何か書かれているぞ」

「よく見ると、〝PUSH 13〟と書いてあるようだ」

「よし、キーボードで『1』『3』と入力してみよう！」

「うーむ、何も起こらない」

「『I（アイ）と3』なのか？」

「うーむ、こちらを入力してみても、何の反応もない」

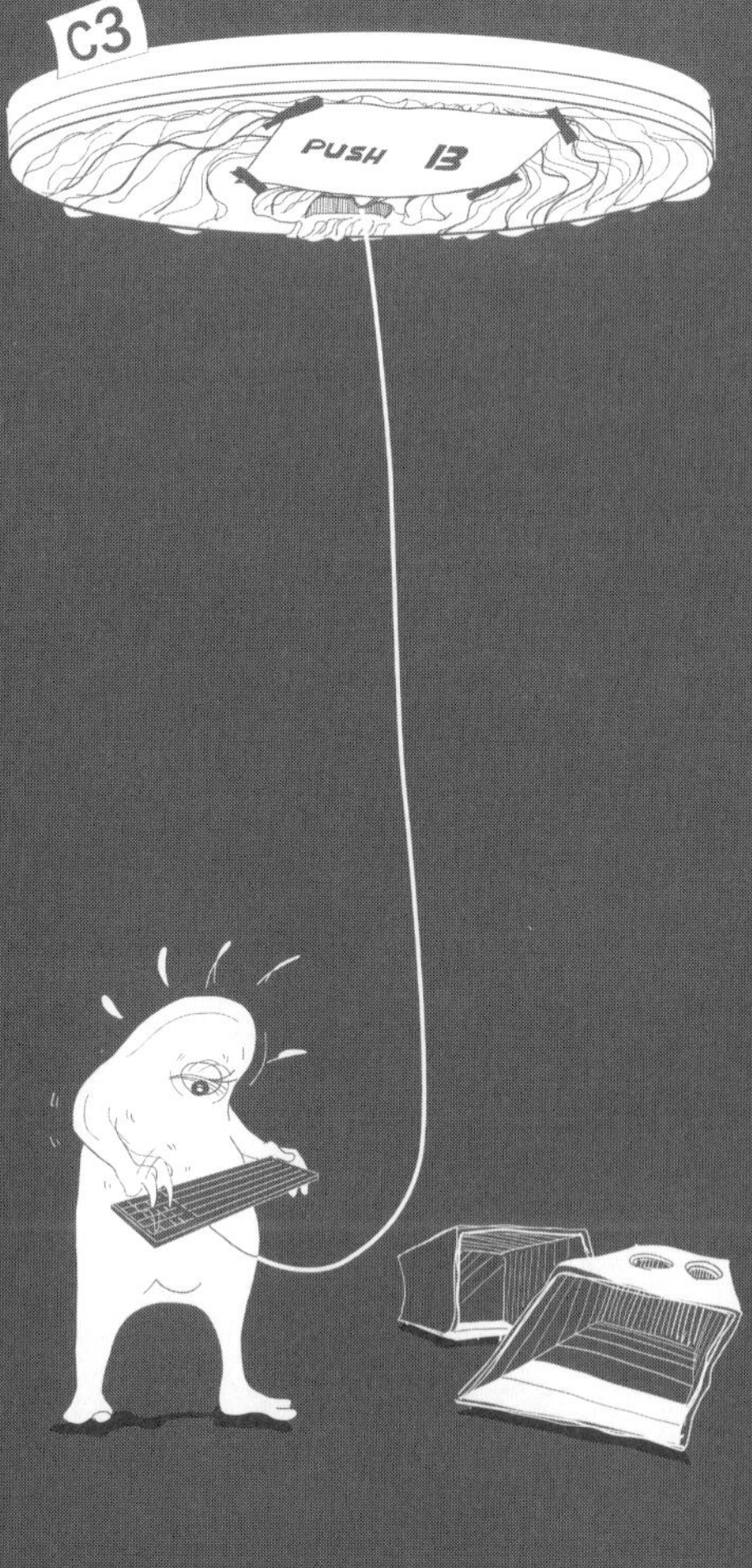

「このままじゃだめだ。どうにかしなければ出られないぞ！」

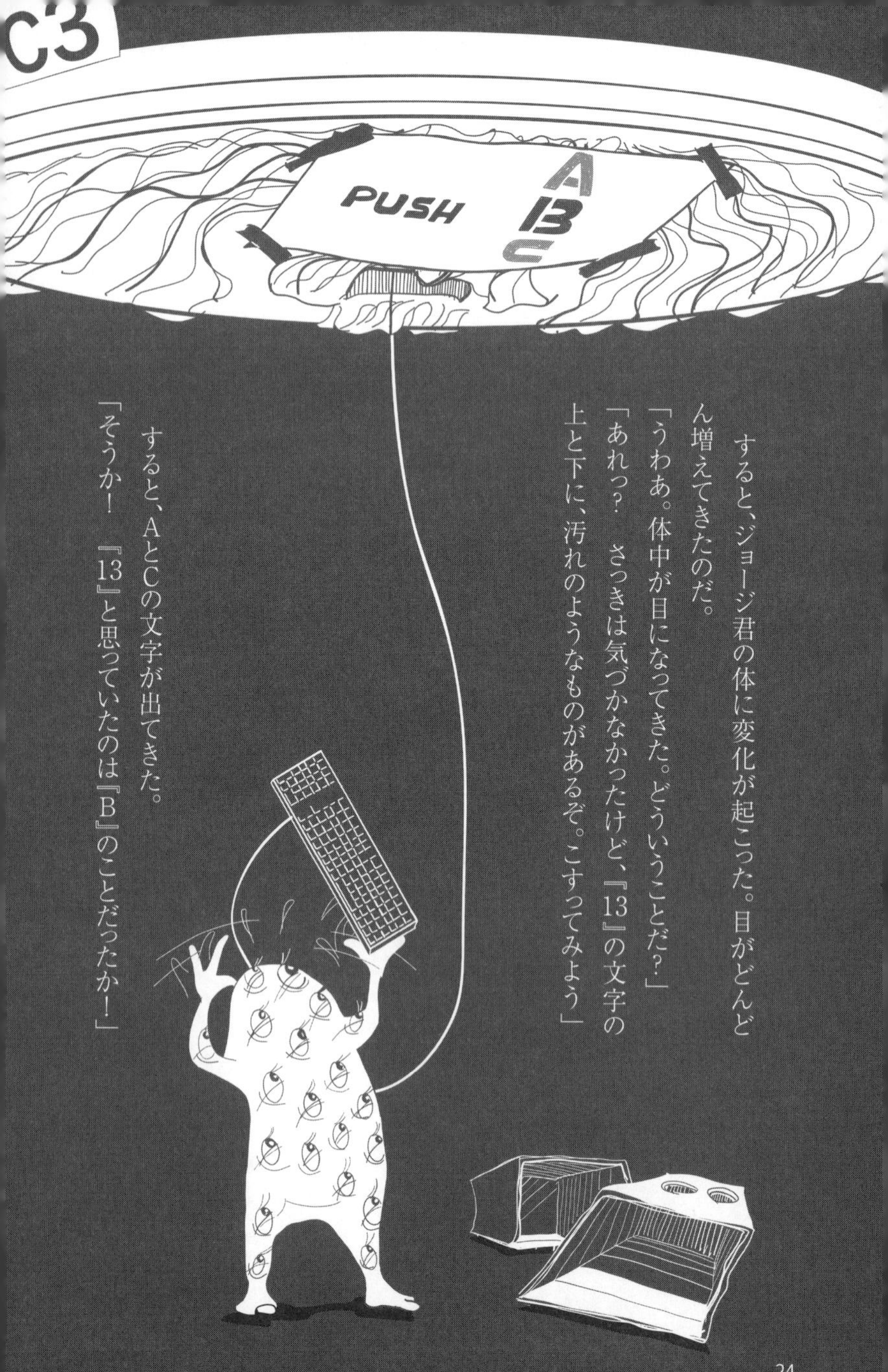

すると、ジョージ君の体に変化が起こった。目がどんどん増えてきたのだ。

「うわあ。体中が目になってきた。どういうことだ?」

「あれっ?　さっきは気づかなかったけど、『13』の文字の上と下に、汚れのようなものがあるぞ。こすってみよう」

すると、AとCの文字が出てきた。

「そうか!　『13』と思っていたのは『B』のことだったか!」

郵 便 は が き

料金受取人払郵便

小石川局承認

1769

差出有効期間
平成30年11月
30日まで

1 1 2-8 7 3 1

東京都文京区音羽二丁目
十二番二十一号

講談社
第一事業局企画部 行

★この本についてお気づきの点、ご感想などをお教え下さい。
（このハガキに記述していただく内容には、住所、氏名、年齢などの個人情報が含まれています。個人情報保護の観点から、ハガキは通常当出版部内のみで読ませていただきますが、この本の著者に回送することを許諾される場合は下記「許諾する」の欄を丸で囲んで下さい。

　このハガキを著者に回送することを　許諾する　・　許諾しない　）

TY 000069-1611

愛読者カード

今後の出版企画の参考にいたしたく存じます。ご記入のうえご投函ください ますようお願いいたします(平成30年11月30日までは切手不要です)。

お買い上げいただいた書籍の題名

a　ご住所　〒□□□-□□□□

b　お名前《(ふりがな)》

c　年齢(　　　)歳

d　性別　1 男性 2 女性

e　ご職業　1 大学生　2 短大生　3 高校生　4 中学生　5 各種学校生徒　6 教職員　7 公務員　8 会社員(事務系)　9 会社員(技術系)　10会社役員　11研究職　12自由業　13サービス業　14商工業　15自営業　16農林漁業　17主婦　18家事手伝い　19フリーター　20その他(　　　　)

f　本書をどこでお知りになりましたか。
1 新聞広告(新聞名　　　　)　2 雑誌広告　3 新聞記事　4 雑誌記事　5 テレビ・ラジオ　6 書店で見て　7 人にすすめられて　8 その他(　　　　)

g　定期的にご購読中の雑誌があればお書きください。

h　最近おもしろかった本の書名をお教えください。

ジョージ君が「B」と入力すると、すぅーっとジョージ君の体が扉に吸い込まれていった。

私はジョージ君の姿を探して、あちこち走りまわった。そして、もといたところでぐったりしているジョージ君を発見した。

「ジョージ君、大丈夫？」

彼が呼びかけに応じたのは、かなり経ってからだった。

「あれっ？　あの神々しい怪物はどこに？　仮面や防具は？」

ぼうっとしながら、謎めいたことを言うジョージ君。

「ちょっと、しっかりしてよ。あなたおかしかったわよ。心ここにあらず、というか、魂が抜けているというか。かと思えば姿が見えなくなったし」

「いや、どうも別の世界に行っていたようなんです」

「何バカなこと言ってるの。あれっ？　手に持ってる黄色い玉は何？　そんなの持ってたっけ？」

そう、ジョージ君はビリヤードくらいの大きさの玉を持っていた。それを見てジョージ君はつぶやいた。

「やっぱりあれは現実にあったことなんだ……」

「何か玉に文字が書いてあるわ。着観力、〝ちゃっかんりょく〟と読むのかしら」

「メタさん、信じてくれないかもしれないけど、神々しい怪物のようなものが僕の目の前に現れたんです。で、謎めいた言葉を残して去っていきました」

「どういう言葉？」

「その怪物は、〝すべては気づきから始まる〟って言ったんです」

ジョージ君は、妄想としか思えない、意味のわからない事柄を次々と言い立てた。

曰く、とても不思議な世界に行った、仮面と防具に体が覆われていて自分の姿かたちも変化していた、部屋から出られないと思ったら、体中が目になっていった……。

「言っていることの訳がわからないわ。ジョージ君、疲れてるんじゃないの？　プロジェクトも難航してるみたいだし」

「いや、何か天の言葉をもらえたように感じるんです。〝気づきから始まる〟というのを、早速やってみたいと思います」


何でも真に受けやすくて気が早いジョージ君、さっそく動き始めた。彼はそのまま、会社に戻らずに、どこかに行ってしまった。

しばらく経ってから会社に戻ってきて、オフィスでずっとキョロキョロしている。

「あちこち見回して、何してるの？」

「気づきを得ようとしてるんです」

「へえ。で、どんなことを発見したの？」

「あの後、カフェに行ってみたんです。デートしているカップルがいたんですけど、ちっとも会話しないんですよね。微妙に距離を取って座ってるし」

「ふーん。で、そこからどんな気づきがあったの？」

「デートなのに、会話なしなんてさびしいし、時間がもったいないな、と思いました」

「……………」

「あっ、こんな面白いことにも気づきました。うちの会社に入ったばかりの若い男性がいるじゃないですか。彼が午後からの会議にまた遅刻してきて、怒られていました。そこから得られた気づきは、〝何やってるんだろう、だらしない人は何をやってもだらしないんだなあ〟です」

「……………」

「もっとすごい気づきもあります。夕方に、年配の男性社員のみなさんが誘い合わせて、女性のいるお店に行きました。おカネを払ってまでチヤホヤしてほしいんでしょうね」

「そんなの、どれもこれも気づきじゃないわよ」

「えっ。気づきから始めようと頑張ってるんですけど、気づきになってないですか？」

「あなた、さっき夢のなかで、頭は仮面、体は防具で覆われていた、って言ってたけど、今のあなたはまさにその状態よ」

「どういうことですか？」

「どれもこれも、〝人間は愚かしい〟風の解釈になってるわ。自分の考え方を他人の行動に当てはめて高みの見物をしているだけになってない？　そんなんじゃ、気づきなんて得られないわよ。とにもかくにも、あなたは自分の仮面と防具を外す必要があると思うな。自らの固定された考え方が変わるきっかけになってはじめて、それは気づきだと言えるんじゃないの？」

愚かしい人バイアス

「違和感のある行動」を見たときに、「その人がヘンな人だから、そのような変わった行動を取るのだ」と解釈しがちな傾向のこと。自己防衛的な人が陥りやすい、思考の落とし穴である。このバイアスを持ったまま、人間の行動を観察すると、気づきを得たり、そこから学びを得たりすることは困難である。

「そうか！　仮面を取る、防具を外す、というのは、世の中で起こっていることから自分を守ろうとするのではなくて、まずは無防備に受け入れる、ということなのか！」

あんまりおかしなことばかりジョージ君が言うから、私としては半分冗談で言ったんだけど、ジョージ君は全部真に受けちゃったみたい。ジョージ君、またキョロキョロしはじめたけど、どうしようというんだろう？

あ、またあの遅刻魔の彼が遅刻してる。それを見たジョージ君がメモを取ってる。

見ると、〝彼が遅刻するにはパターンがある。先週も月曜日だったし、今日も月曜日だ。人は月曜日に遅刻をしがちなのかも〟と書いてある。

「うん、これは気づきって言えそうね。何かの発見につながりそう。どうしても私たちって、自分の考え方というフィルターを通してものを見がちじゃないかな。自分の考え方と合う事実には目を向けるけど、自分の考え方と合わない事実は無視しがちだし」

「ありがとうございます。仮面や防具を外して、物事をそのまま受け取ることで、受容というものを学んだように思います。ただ……」

「ただ、何？」

「仮面と防具が、〝受容〟を表しているとしたら、体中が目だらけになったのは、何を意味してるんでしょう？　そのおかげで〝13〟じゃなくて〝B〟だってことに気づけたわけですけど」

「観点をたくさん持てってことじゃないの？」

「なるほど！　観点ですか」

「要するに、ジョージ君の不思議な経験があなたに教えようとしたのは、〝まず受容し、そしてそこから学べ〟ってことじゃないかしら？」

後日、ジョージ君がニコニコしながら近づいてきた。

「面白い気づきを得たんです！　自分の考え方が大きく変わりました」

彼の手帳を見ると、多くの気づきが書かれていた。特に面白いと思ったのはこれ。


へえ、そういうことがあるんだ。

それからのジョージ君の動きはすさまじかった。それまで行ったことのないありとあらゆる〝場〟に出向き、観察をすることで事実を集めはじめたのだ。とは言っても、普通ではなかなか観察することが難しい〝場〟もある。例えば、主婦の日常生活の観察や学生の一日の観察とか。そういったケースでは、観察をさせてもらえるよう、いろいろな人や会社に頼み込んで、わざわざ〝場〟をアレンジしてもらっていた。すごい

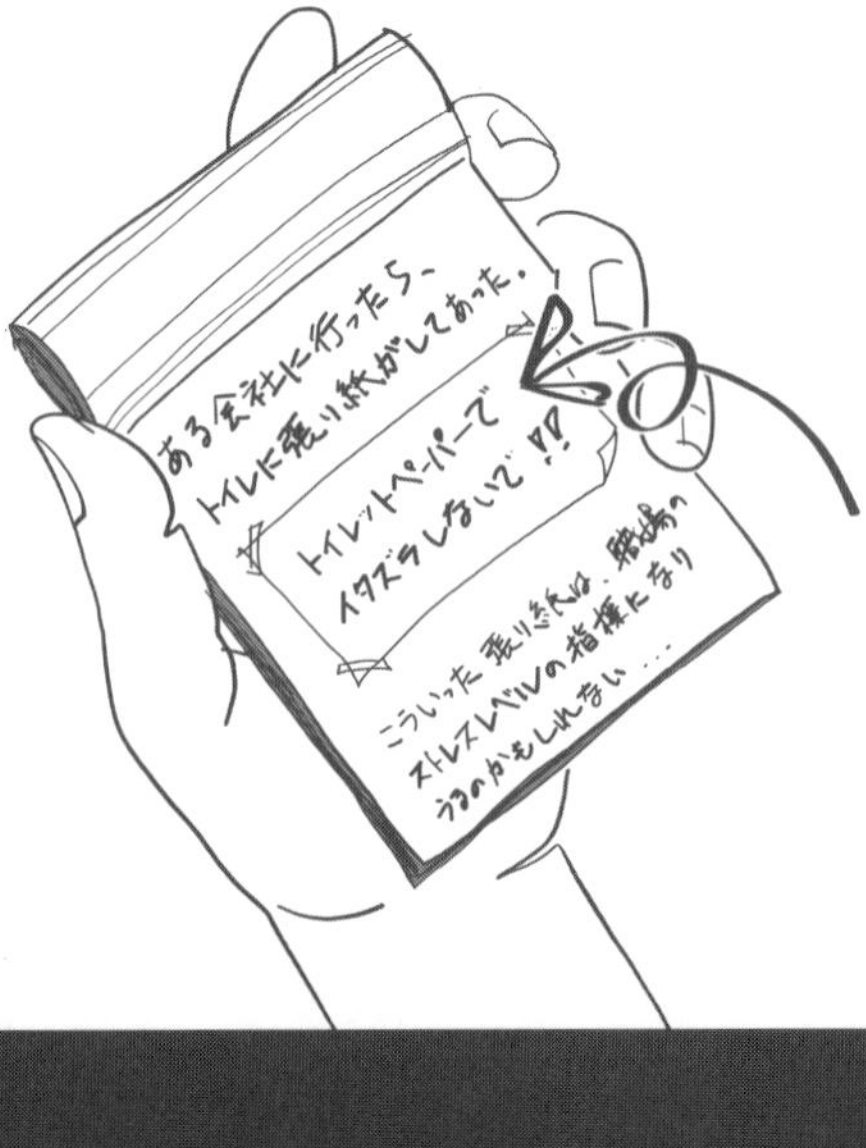
ある会社に行ったら、トイレに張り紙がしてあった。
トイレットペーパーでイタズラしないで!!
こういった張り紙は、職場のストレスレベルの指標になりうるのかもしれない…

行動力。そういうことができる人なんだ、ジョージ君。

これらの観察でジョージ君が得た〝違和感のある事実〟は、例えばこういったことだった。

・本屋に行ったところ、自己啓発本に類する書籍がとても多く並べられていた。
・ある化粧品会社で働く女性の一日に密着したら、その人から同僚の女性の悪口を延々と聞かされた。
・高級なレストランで、次期社長に抜擢された人が、社長に就くことに不安を感じていることを仲間に相談していた。
・共働きの両親の10歳の息子が、学校からサッカーボールを抱えて帰宅したときに、何か悩んでいるように見えたのだが、特に親に相談するわけではなかった。
・スポーツクラブの休憩室で、高齢の女性たちが集まって、自分たちの今の恋愛についての話で盛り上がっていた。
・ある働いている主婦は、小さな娘がサンタクロースに手紙を書いているのを見て、「あなたはいいわねえ。ママにはサンタは来ないの」とつぶやいた。

受容と学習のマインドを持つことで、「着観力」の玉を得るに至ったジョージ君、かなりレベルアップしたみたい。

気づきは得られるようになったみたいだけど、そこから次はどうすればいいんだろうね。

玉① 「着観力」

私、メタが解説しますね。

まずは、今回のフォーサイト・クリエーション・プロジェクトが立ち上がった背景には何があるのか、から考えましょう。

どの組織も、生産性向上に熱心に取り組んでいます。そもそも生産性とは、アウトプット（提供価値）をインプット（投入した資本や労働）で割ったもの。ITやロボットを導入するなどのコストダウンで、インプットを減らす取り組みは盛んに実施されています。一方、アウトプットを増やすこと、すなわち新たな顧客価値を創造することは、不確実性が高くて困難です。しかし、ピーター・ドラッカーの言葉を借りれば、企業の基本的な機能はマーケティング（顧客の欲求からスタートする）とイノベーション（新しい満足を生み出す）のふたつ。つまり、「新しい価値を生む」ことは企業が一番大事にしなければならないことなのです。プロジェクト名に入っているフォーサイト（foresight）という言葉は、「未来への展望」という意味です。変化の激しいこの時代、今後世の中にどういう価値を提供していくのかという未来への展望が、どの組織にも必要です。フォーサイトを考える、というのがジョージ君に依頼があったフォーサイト・クリエーション・プロジェクトの趣旨です。

このプロジェクトを進めるうえで、ジョージ君がここまでで学んだことって、「要するにこういうこと」じゃないかと思います。

画期的な発見もイノベーションも、最初はふとした気づきから始まっています。ニュートンが「万有引力の法則」を導き出したのは、リンゴが落ちるのを見ての気づきから始まっているし、アルキメデスが「エウレカ！」と叫んで「アルキメデスの原理」を見出したのは、お風呂から湯があふれるのを見ての気づきから。

新価値創造でも同じです。最初に「〝場〟における観察」があり、そこで気づいたことがすべての発端になっています。だから、最初にするべきことは、計画を立てることではなく、アイディア出しでもなく、「気づき」を得ることです。

ここで、事実（fact）と気づき（finding）を定義しておきます。

事実というのは、実際に起こった客観的なことなので、誰にとっても同じなはずです。一方、気づきというのは、起こったことについて、その理由や背景についての軽い解釈です。だから、人によって異なります。

例えば、「異性に話しかけられた」というのは事実ですが、「あの人、私のことが好きなんだ」というのは解釈です。人間は、事実と解釈をすぐ混同してしまうので、要注意です。願望という名の「解釈」を優先し、「事実」を否定してしまう

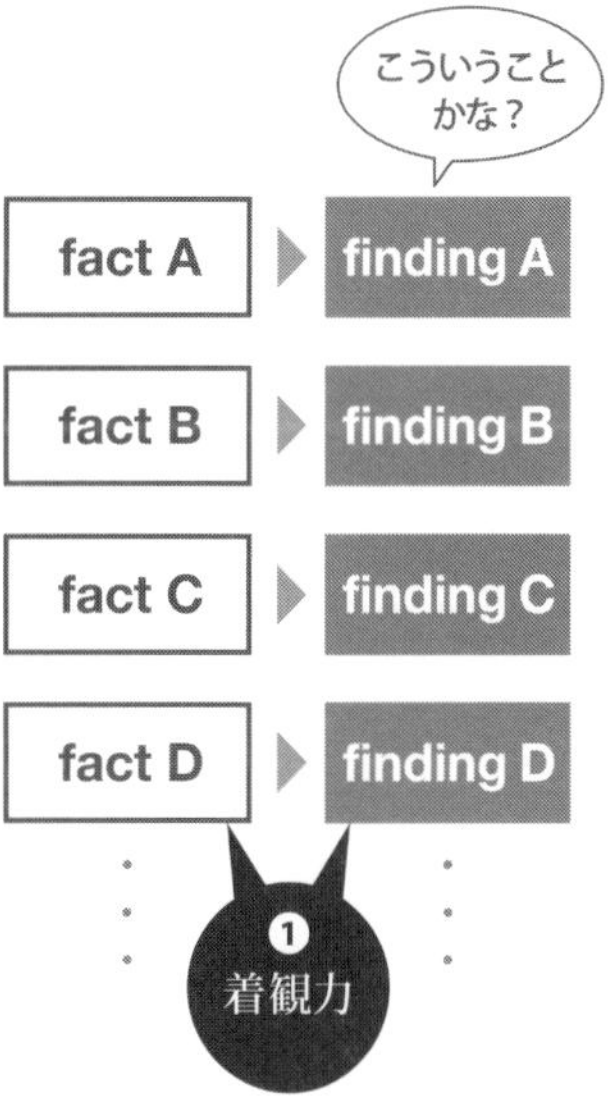

ことも珍しくありません。だから、観察しているときにメモを取るのであれば、事実と解釈を明確に分けて書きましょう。

ただ、「これが私の気づき！」と言われて話を聞いてみると、「それは気づきじゃない」という場合が多いです。「既に持っていた考え方の枠組みを、現実に当てはめてみる」というのは「気づき」でもなんでもありません。それは「既に自分が考えていたことが正しかったという確認」に過ぎません。自分がそれまで持っていた考え方が変わるきっかけになるものこそが本当の気づきなのです。

「気づき」が得られるようになるために重要なのは、unlearnすることです。辞書で調べると、unlearnは、「学んだことを意識的に忘れる」と説明されています。つまり、それまでの自分の考え方や、学んだことをいったん横において、物事を見ることができるかどうかが重要なのです。ですから、気づきを得るためには、知識やスキルの前に、まずマインドを変えないといけません。必要なマインドは以下の2つです。

①受容

自分の考え方と反することであっても、まずは共感して受け入れる。

②学習

起こっている事実から、学びを得ようとする。

でも実際には、これがなかなかできません。どうしてでしょうか？　それは、人間は「気づかない」ようにできているからです。気づきを困難にしている、心理学的な理由を4つ挙げます。

①「選択的注意」

注意をはらった事柄はしっかり認識されるが、

注目していない事柄は無視される。

②「**認知的不協和**」

「自分の考え」と相反する情報が入ると、「正」と「反」が矛盾し、不快な気持ちになるので、どちらかを直ちに捨てて、不快から脱しようとする。

③「**確証バイアス**」

一度印象が確定してしまうと、なかなかその枠組みから抜け出すことができなくなる。

④「**基本的帰属錯誤**」

誰かの行動を解釈するとき、我々はその行動の原因を、性格などの「その人」に求めがちで、状況などの「その人のおかれている環境」を過小評価しがちである。

要するに、「観点を切り替えながら、多くの事実を集め、矛盾しているように思えても、まずはすべてを受け入れること（受容）」と「複数の解釈を出し続け、個人に原因を帰属させるのではなく、文脈に注目すること（学習）」が重要だ、ということです。

観点は、無限にあります。中でも単純なのはポジティブとネガティブの観点です。例えば、「通常は悪いこと」だと思われることが起こった時に、「これはチャンスだ」ととらえたり、逆に「よいこと」だと思われることが起こった時に「これはピンチだ」ととらえたり。「人間万事塞翁が馬」って、まさにこの観点の切り替えの話ですよね。

それ以外にも、よく使うのは次の観点です。観点はこれらに限らず無限にありますから、自分でもどんどん観点を増やしてくださいね。

①**動きの5側面**

身体的、頭脳的、時間的、環境的、運用的

②**ココロの5側面**

文化的、感情的、関係的、意志的、歴史的

そして、最も大事なことは、「自ら〝場〟に足を運ぶこと」です。「百聞は一見にしかず」ということわざがあるように、〝場〟に足を運べば、膨大で豊かな情報が得られます。

例えば、みなさんがフランスのパリという街を深く理解したいと思ったとしましょう。「パリ案内の本」を読み込んで内容をすべて暗記したとしても、パリを訪れなければパリを深く理解したことにはならないでしょう。それだけ、「パリを訪問して見聞きする」ことによって得られる情報は豊かなのです。

「情報は場に存在しており、どんな天才でもすべてを見渡すことはできない」と経済学者のフリードリヒ・ハイエクは考え、「場の情報」という概念を提唱しています。つまり、情報は〝場〟に、まるで張り付くかのように存在しており、そこに行かなければその情報を得ることはできないのです。

また、〝場〟に足を運ぶと、言語化できる情報だけでなく、言語化できない情報を得ることができます。

例えば、ある家庭を訪問したとしましょう。その家の人が「うちの家族は仲がよくて」と言っていても、家の空気にうら寂しいものを感じたり、逆に「うちの家族は喧嘩が絶えなくて」と言っていても、とても温かい雰囲気が家じゅうにあふれていたりすることがあります。

これらの言語化が困難な「観察者が感じ取ってくること」も、とても重要な情報で、気づきにつながっていくと同時にファクトを解釈するときにとても役に立つのです。

ぜひみなさんも、〝場〟に足を運んで、観点を切り替えながら、気づきを得てくださいね。

最後に、パスツールの有名な言葉を記しておきます。

In the fields of observation chance favors
only the prepared mind.

観察の研究分野では、チャンスは心構えのできた者にのみ訪れるものだ。

ルイ・パスツール（1822-1895）　フランスの細菌学者

第2章　気づきをどう解釈すればいいのか？

着観力という玉を手に入れたジョージ君、飛躍的に気づきを得られるようになったみたい。何より、気持ちがオープンになって明るくなり、見ていてほほえましい。まるで新しいおもちゃを手に入れたばかりの子供みたいだ。

活気づいたジョージ君を呼び出したのは、フリップ課長だった。

「どうだい？　何か答えは見えてきたのか？」

「答えはまだ出ていません。でも、気づきをたくさん集めることから始めています。とても楽しいです！」

「おいおい、楽しむことが目的じゃないんだよ。我が社の命運がかかっているんだから、真面目にやってくれないと。まだ成果ゼロ、じゃ困るんだ。それに、気づきから始めるのは本当に

よい方法なのかね？　必要なのは答えなんだよ」

　冷や水を浴びせられてしゅんとするかと思ったけど、戻ってきたジョージ君は、思ったより平然としてる。

「見える成果はまだ出てないけど、気づきから始める、というやり方は間違っていないと思うんです」

　へえ、思ったより意志が強いんだね。

「でも、このままじゃいけないんです。気づき、という素材を、次にどうするか、が問題なんです」

「気づきから、すぐに答えは出てこないの？」

「出てこないことはないと思います。ただ、気づきから直接発想すると、〝いま、既に存在するものの改善〟という答えしか出てこないと思います。〝新価値の創造〟の答えを出すためには、気づきから直接答えに行ってはいけないように思うんです」

「いずれにせよ、気づきの解釈が必要ね」

「そうだ！　必要なのは解釈なんだ。気づきを解釈しないといけない」

　さっそくメモ帳を取り出して、自分の気づきを振り返るジョージ君。

「そうそう、前からこれがとても気になってるんです、カフェで会話のないカップル。休みの日に、食事をしにレストランに行ったときも、隣の席のカップルがちっとも会話していない。まるで見知らぬ者同士がたまたま同じ席についているかのように、相手に興味を示さないんです。その

2人の表情がとても気になって。違和感があるというか。とてもつまらなそうな顔をしていて、痛々しいぐらい。あの無気力な表情が、どうしても頭から離れないんです」

「たまたま、仲の悪くなったカップルだったんじゃないの?」

「それならまだいいんですけど。というのも、あちこちにそういうカップルがいることに気づいたんです。そして、カップルだけじゃなくて、同性の友人同士であっても話をあまりしていない人たちが多いってことにも気づいたんです」

「どうしてそうなるんだろうね」

「相手に興味がなくなったのか? それとも、みんな話下手になっちゃったのか?」

「どれもそれなりに正しそうだけど、なんだか平凡ね」

「そうですね。自分で言ってても面白みがないです」

「そうそう、この間メンテナンス部の人が、面白いことを言ってたわ。とっても不思議なことが起こったんだって。どうしてそんなことが起こったのかって悩んでいたから、こちらも解釈してくれない?」

「もちろん。何があったんですか?」

「メンテナンス部の仕事は知ってるわよね? お客さま先に行って、機械装置の維持管理や修理をするのが主な業務。もちろんだけど、顧客満足度は常にアンケートを取って調べているのよ」

「で、不思議なこととというのは?」

観察対象への共感

気づきを得るためには、観察対象であるその人に共感することが必要だと言われている。しかし、他者が思っていることを、全く同じように自分も感じ取ることは事実上不可能である。大事なのは、「その人を深く理解するために、感じ取ろう、考え続けようとすること」であり、「完全に共感したと思うこと」ではない。

「それが、顧客満足度のナンバーワンはいつも同じベテランの人で、修理の名人と言われている人だったんだけど、今月調べたら、別の人がナンバーワンになったんだって」

「へえ。修理の名人が2人になったんだ。知識と技術の力ってすごいですね」

「そうなら誰も驚かないの。というのも、今回1位になったのは、入ってまだ1年にもなってない人らしいの」

「えー、どうしてなんだろう?」

「だから、それを解釈してほしいって」

「知識の吸収と技術の習得がものすごく早い人だったとかではないですか?」

「それができればすごいけど、さすがにあの世界でそれは難しいと思うわ」

「じゃあとても誠実で真面目で、人柄がよかったからとか?」

「ジョージ君の答えは、どれも〝正しい人しか出てこない小説〟みたいね」

「どういうことでしょう?」

「真面目で無難だけど、平凡でちっとも面白くない、という意味よ」

さすがにしゅんとしてしまい、家路についたジョージ君。ちょっと言い過ぎちゃったかしら。

その夜、ジョージ君にまた不思議なことが起こったんだって。
それはジョージ君が家のお風呂でシャワーを浴びていたときのこと。

「メタさんは痛いところをつくなあ。くやしいけど、言ってることはよくわかる。僕の解釈が普通すぎるんだよね。どうすれば、〝これは！〟と思えるような解釈ができるんだろう？」

いきなり風呂場の底が抜けて、お湯ごと例の世界へ。

「助けてー！」

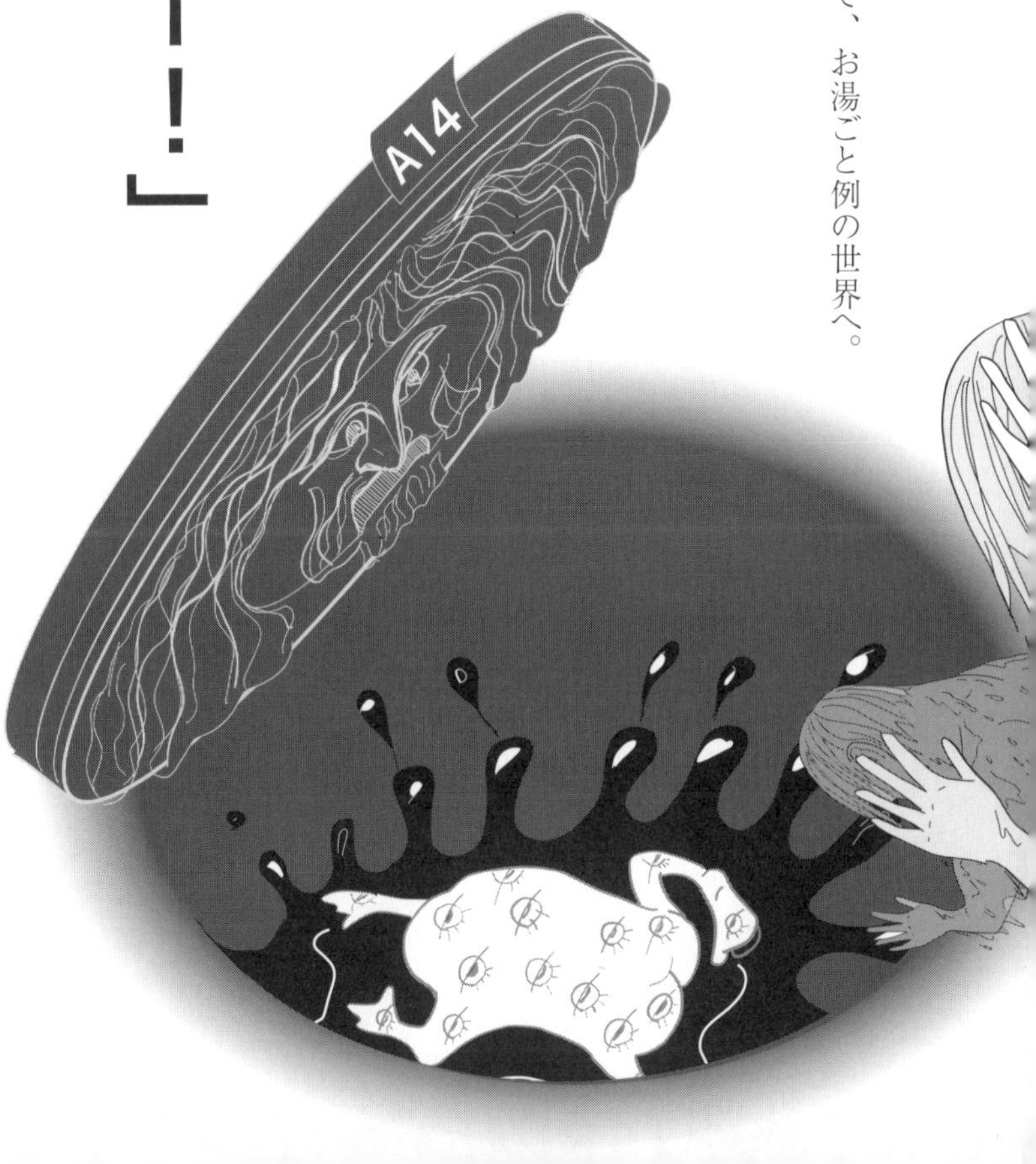

「うーん、またあの世界に来てしまったようだ」

すると、前回現れた怪物の姿が見えてきた。

「あなたは、前にも会った人ですか?」

「君に、再び知恵をさずけよう」

「はっ?」

「意外な真相をつきとめろ……」
「えっ?　どういう意味?」
A14

「また部屋に閉じ込められたようだ。マンホールのような扉がこの部屋にもある。
でも、前の時と、様子が違うぞ。ここは違う部屋なのか?」

「ようこそ。私の出す謎に答えられたら、扉を開けてあげるよ」

「うわっ。この扉は話すぞ」

「さっそく、謎を出すよ」

扉はそう言うと、ジョージ君の返事を待たずに問題を出し始めた。

「15世紀の話。上杉定政が戦で出陣する途中、海と山に挟まれたところにさしかかった。そこで〝山道を行くべきか、浜辺を行くべきか〟で悩んだ。山道を選んだ場合、山の上から弓で攻撃されるとひとたまりもない。また、浜辺のほうは潮が満ちていると通ることができない。夜なので、潮が満ちているのかどうかはここからでは見えない。武将の1人、太田《おおた》道灌《どうかん》は『私が見てこよう』と馬で駆けはじめた。海岸にたどり着き、確認してから戻るまではかなりの時間がかかるはず。しかし、太田道灌はごく短時間で戻ってきた。そして『大丈夫、浜辺を行きましょう』と言うのである。『浜辺に行ってないのに、どうしてそれがわかるのか?』と尋ねる上杉定政」

「さて、どうしてわかったと思う？」

「えっ、ちょっと考えさせてほしい……。

そうだ！　ものすごく素速く馬を駆って戻ってきた！」

「NO！　太田道灌は浜辺まで行ってない」

「ということは、なんらかの理由で、見に行かなくても引き潮になっているということがわかった、ということかな？」

「YES！」

するとの口から何かアイテムのようなものが出てきた。

「これは何だろう？　虫眼鏡？」

「出てきたアイテムは、手に持ってくださいね。で、どうやって引き潮になっているということがわかったのでしょうか？」

「うーんと、浜辺の手前から、ワカメや貝を採る人々の姿が見えたから」

「NO！　それだとほぼ浜辺まで行かないといけない」

A14

「わかった！　ガケの上に登って、海を見渡したから！」

「NO！　夜だから、高いところに行っても何も見えない」

「これは絶対間違いない！　たまたま海のほうから歩いてくる知り合いに出会って、潮が引いていることを教えてもらったから！」

「YES but NO！」

と言いながら、再び扉の口からアイテムが出てきた。

「今度は帽子？　かぶればいいんだね？」

「知り合いに会って教えてもらった、という説は、それで説明できるという意味では正しいけど、実際には違う方法で知ったんだよ」

「うーん」

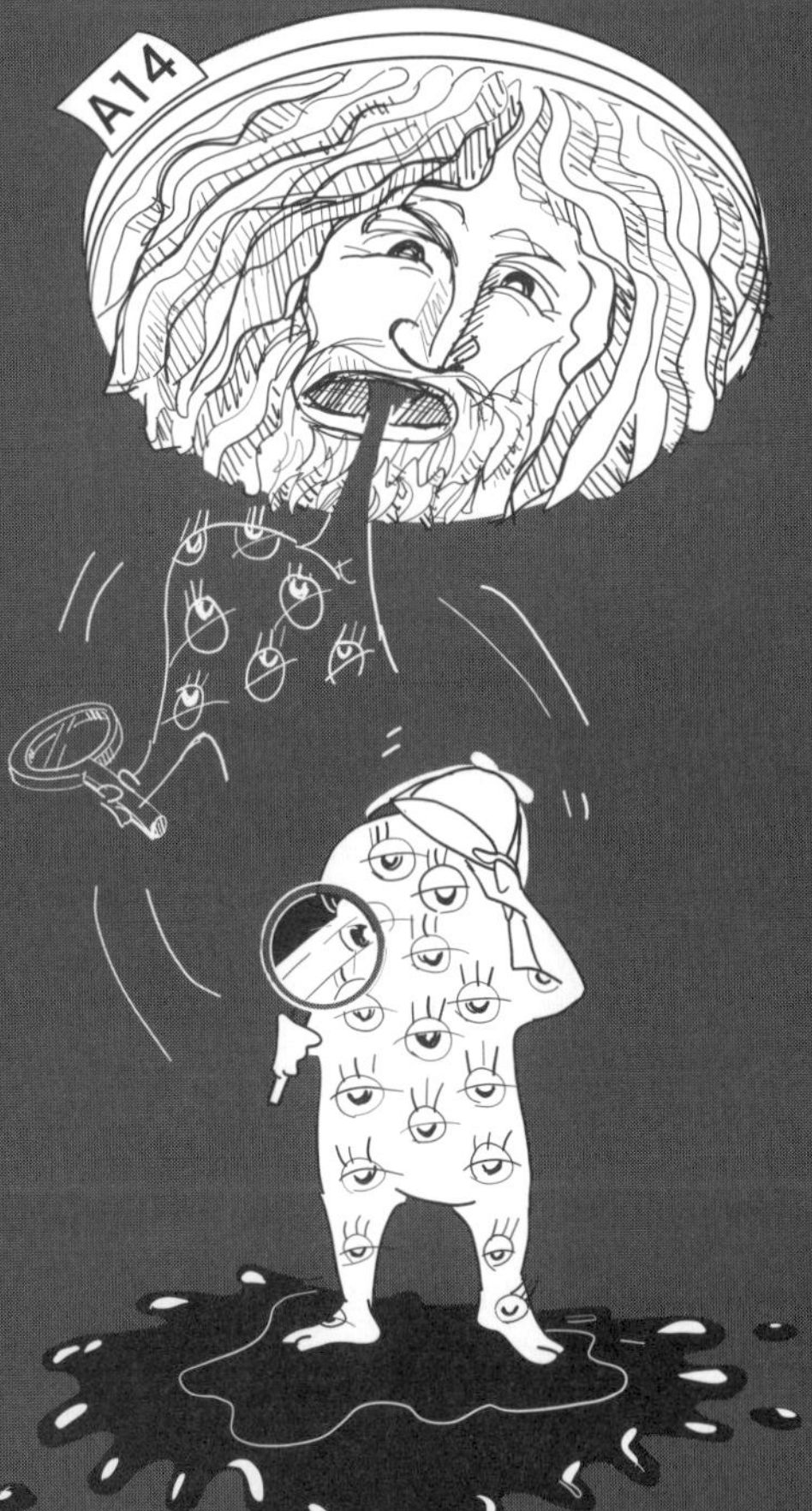
A14

悩むジョージ君を見て、扉がヒントをくれた。

「太田道灌は、藤原為守《ふじわらのためもり》の歌を憶えていて、それを応用したんだよ」

「歌でわかった、ということ?　ということは花でわかったのかな?」

「NO!」

「じゃあ動物だ。海にいて、潮の満ち引きを教えてくれそうな動物……。そうか、鳥だ!」

「YES!」

すると、扉の口からまたアイテムが出てきた。

「今度はマントが出てきた！　これは着ればいいんだね。で、鳥でわかったということは……、そうか！　波打ち際で鳴く習性を持つ鳥がいるということを知っていて、その鳥の鳴き声が遠くに聞こえたから、干潮になっていることがわかったんだ！」

「YES！」

と答えると、またアイテムが出てきた。

「パイプが出てきた！」

「太田道灌が憶えていた歌は、
〝遠くなり　近くなるみの　浜千鳥　鳴く音《ね》に潮の　満干《みちひ》をぞ知る〟だよ」

扉はそう言うと、前回とは違う色の玉を口から出した。

A14

「ジョージ君、その玉は何？　前に持っていた玉と色が違ってない？」

朝のオフィスで、柿色の玉を手にしたジョージ君が興奮気味に近づいてくるのを見て、私は思わず言った。

「はい。また不思議な世界に行って、同じ神々しい怪物に会ったんです！」

うーん、また怪しげなことを言ってるわ。でも、〝着観力〟と書かれた黄色い玉を突然取り出したのは、私もこの眼で見た。少なくとも、彼の中では事実のようね。

「今回のメッセージはなんだったの？」

「〝意外な真相をつきとめろ〟でした。で、もらった玉には、〝アブダクション〟って書いてあるんです」

「アブダクション？　どういう意味なんだろう？」

「それに、今回は扉から虫眼鏡、帽子、マント、パイプが出てきたんです」

「それ、シャーロック・ホームズじゃないの？」

「そうか、名探偵ホームズになって〝真相をつきとめろ〟ってことか！」

「ホームズって、いつも〝意外な真相〟を解明するのよね」

「そういうことか。真面目で正しそうだけど、無難で面白みのない解釈じゃなくて、意外性があってしかも妥当性の高い解釈をすべき、ってことなのか」

「さっそく、例の謎の真相を解明してよ。1年目の経験の浅い人がメンテナンスで顧客満足度ナンバーワンになった件。名探偵さん、よろしく」

「えーっと、知識や技術はまだ未熟だったんですよね？　じゃあ、とても誠実で真面目で、人柄がよかったからとかではないですか？」

「それじゃ名探偵どころか、仮面と防具で身を守る最初のあなたに逆戻りよ。全く同じ解釈を、前にも言ってたじゃないの」

「そうだった。意外な真相をつきとめるのは簡単じゃないですね。防具をつけた自分に逆戻りしているということは最初の着観力も駆使しないといけないということか……」

「そういうことみたいね」

　そこからジョージ君はうんうんと苦しみ始めた。どうやら、正しそうな解釈を一度出してしまうと、それとは違う新しい説を考え出すのはとても難しいみたい。

「数を出すしかないんじゃないの？　とにかくいろいろと新説を出してみたら？」

「そのとおりかもしれないですが、ブレーンストーミングするだけだと何も出てこなかったから、どうしたものかと」

　ジョージ君って不思議な人。どういうわけだか和歌の本を買ってきて読んでる。メンテナンスの謎と、どう関係があるのかしら？

「わかった！　これだ！　これですよ、この歌ですよ」

　見ると、和歌が書かれている。山上憶良《やまのうえのおくら》の歌らしい。

〝瓜食《は》めば　子ども思ほゆ　栗食めば　まして偲《しの》はゆ〟

「その1年目の人は、お客さまからすれば〝疑似息子〟なのではないでしょうか？　つまり、まだ若くて初々しいから、いつの間にか自分の息子のようにかわいらしく見えてきて、応援したくなってしまう、そして顧客満足度も高くなった、ということではないでしょうか？」

「なるほど。それなら意外性があるわね。そうそう、その〝疑似息子〟本人に会う約束があるの。私の代わりに行って、その解釈が正しいかどうか、確かめてきたら？」

渡りに船、とばかりに飛び出していったジョージ君。


帰ってきたジョージ君は特に喜ぶでもなく、落ち込むでもなく、冷静だった。

「どうだった？」

「それが、学びがありました……」

「どういうこと？」

「僕の仮説は間違ってました。1年目といってもその人は既に別のキャリアを重ねた人で、年齢的にも〝疑似息子〟という感じではなかったし、お客さま側の人たちは思ったよりずっと若い世代でした」

「ふうん。それは残念ね」

「でも〝意外な真相〟が何なのか、はわかりました。その人、とにかくお客さまの話を引き出すのがものすごく上手なんです。まるでカウンセラーみたいで、自分はあまり話さなくても、お客

場における知恵

世の中には様々な職業があるが、突出した成果を出す人たちがどの分野・現場でも存在する。この人たちは「常に学び続ける態度」を身につけていて、どんどん進化していく。そして、「研究者たちが長年かけて見出した知見」を、既に実践していたりする。「場」で学び続けることの凄さを強調しすぎることはない。

さまがとても気持ちよく話し続けてるんです」

「そういえば、お医者さんも、患者から訴えられるかどうかは医療ミスを犯す回数とは全く関係なくて、患者の話をしっかり聞くかどうかで決まる、って聞いたことがあるわ」

「まさしくそれです。特に修理では一定の時間に収まっていれば、少々の早い遅いよりも、よく話を聞いてくれる人のほうが顧客満足度が上がる、というのが真相でした。だから、今後顧客満足度を全体的に向上させるためには、カウンセリングの研修をすべきです、って言っておいてください」

「ありがとう、名探偵。ジョージ君、すごいじゃない。玉に書いてあるアブダクションって、こういうことみたいね。〝意外なことがあったときに、それを説明できる仮説を見出そうと推論すること〟。あと、改めて〝場〟に行くことの重要さも学べてよかったわね」

「ありがとうございます。次はカフェで会話のないカップルについてアブダクションしてみようと思います」

アブダクションの玉を手に入れて、名探偵に少しは近づいたみたい。名探偵はアブダクションで事件を解決するのが得意だけど、私たちはこのアブダクションを新しい価値の創造にどう生かせばいいのかしら？

玉②「アブダクション」

再び私、メタが解説しますね。

ジョージ君がここまでで学んだことって、「要するにこういうこと」じゃないかと。

違和感のある事実や興味深い気づきが得られたら、それをどう本格的に解釈するか、が重要です。この、新たな洞察や新しい仮説のことを「インサイト(insight)」と呼びます。

このとき、はじめから「その仮説が正しいかどうか」を気にしすぎると、新たな発想は出てきにくくなります。間違っているかも、という心配を横において、「新しい仮説を出す」ことを優先させましょう。そうしないと、「いつもと同じ解釈」から抜け出せなくなります。違和感のある事実や驚くような事実に、まずは気づく。そしてこれらの事実が「なぜ起こるのか」を推論する。そうすることで新たな仮説を生み出すのです。

世の中で一般的に知られている「推論」には、2種類あります。

ひとつは演繹《えんえき》です。「物体は手をはなすと下に落ちる」+「リンゴは物体である」→「リンゴは下に落ちる」という推論方法です。演繹では、推論した結果は100%正しいものになります。

もうひとつは帰納《きのう》です。「ペンは下に落ちる」+「本も下に落ちる」+「リンゴも下に落ちる」→

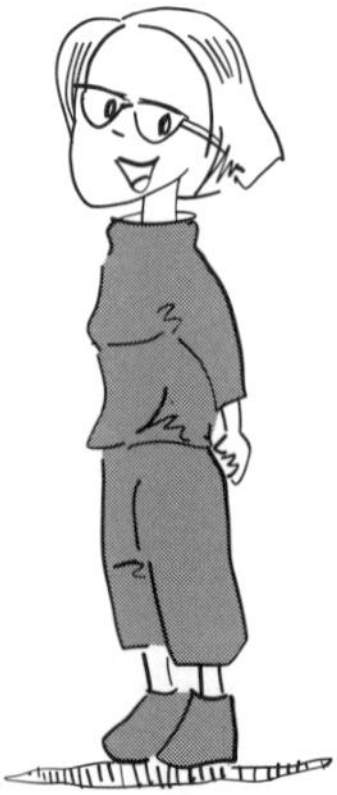

「物体は下に落ちる（かも）」という推論方法です。

演繹と帰納のほかに、第三の推論方法があります。これはシャーロック・ホームズが推理するときに駆使している推論方法で、「アブダクション（仮説的推論）」と呼ばれています。アブダクションは、以下のように説明することができます。

> 驚くべき「事実」が観察される。しかし、もし「仮説」が真であれば、「事実」は当然のことである。よって、「仮説」が真である、と考えるべき理由がある。

「どうしてこんなことが起こるんだろう？」という違和感のある事実に気づいたとしましょう。しかし、「これ」が背景や要因としてあると考えれば、そういう事実が起こってもおかしくはない。ということは、「これ」が要因なのでは、と考えてもよいのではないか。これがアブダクションという推論方法です。

ただ、アブダクションは演繹と違って、その推論した結果が「100%正しい」という保証はありません。その仮説は正しいかもしれませんし、間違っているかもしれません。

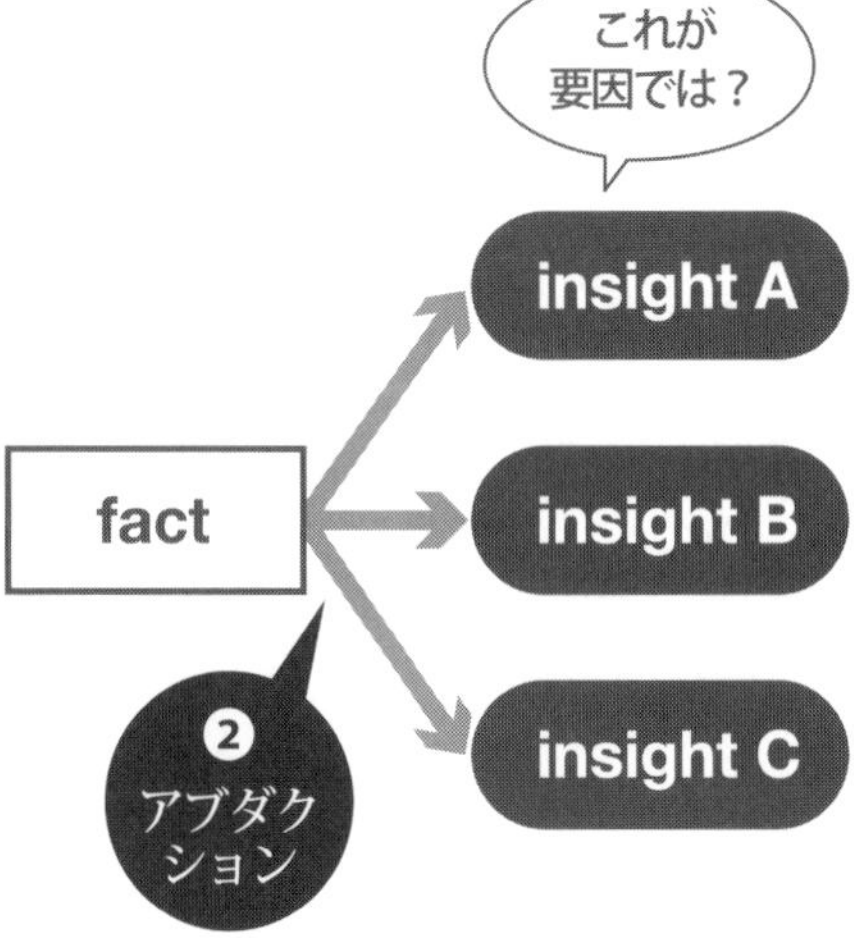

「浜千鳥の鳴き声が遠くに聞こえる」という事実に気づき、「浜千鳥は波打ち際にいる動物だ」という知識を持っていれば、たとえ浜辺まで行かなくても「干潮になっている」という仮説が得られます。まさに太田道灌は、事実と知識をもとにアブダクションを行ったわけです。

医者も、患者の病気を特定するときに、このアブダクションを用います。患者についての事象について医学的知識をもとに、「何の病気か」をアブダクションするわけです。こういう症状が出ている、この病気だとするとそういう症状が出るのは当然だ、だからこの病気であると考える理由がある、という具合です。

シャーロック・ホームズの小説には、ワトソンという相棒が出てきます。ワトソンとホームズは、同じ「場」に行って同じ事実を見ていますが、ワトソンは通り一遍の、「普通で正しそうな」推論をします。一方、ホームズは豊富な知識をもとに推理し、意外な犯人を導き出します。最初はその真相の意外さに「そんなバカなことがあるか」と皆が驚きますが、ホームズがその推論の過程を説明すると、「なるほど、その解釈は正しそうだ」ということがわかってきます。

それがどれだけ意外な仮説であっても、新しい説のほうが物事をよりうまく説明できるのであれば、それまでの説を捨てて、新しい説を支持するのが科学の基本です。つまり、新たな仮説を生み出すこと、それも妥当性の高い仮説を生み出すこと、これが重要だということですね。というわけで、アブダクションは、フォーサイト・クリエーションのプロセスにおいて非常に重要です。

みなさんも、どんどん新しい仮説を出して、意外な真相をつきとめてくださいね。

最後に、ミラーの言葉を記しておきます。

One's destination is never a place,
but a new way of seeing things.

目的地は、場所ではない。
物事を新たな視点で見る方法こそが、目的地である。

ヘンリー・ミラー(1891-1980)　アメリカの小説家

アブダクションという玉を手に入れ、常に〝本質はどこにあるんだろう〟と考えるようになったジョージ君、身近なことでも、常に掘り下げるようになったみたい。何より、以前にも増してオフィスから飛び出て、外の世界をよく見に行くようになった。ただ、心配なことがある。それはフリップ課長がしびれを切らし始めたこと。具体的な案がちっとも出てこないので、

「ジョージ君はさぼっているのではないか？　このプロジェクトには向いてないのではないか？」

と不安になっているのがその表情からわかる。それも無理はない。私はジョージ君が確実に成長し、前進していることをよく知っているけれど、まだ具体的な成果は何も見えてきていないのだから。

そんなある日。フリップ課長がジョージ君と私を会議室に呼び出した。何か大きな動きがあったみたい。

「ジョージ君、新価値創造についてなかなか苦戦しているようだね。無理もない、なにせ通常業務をしながらだからね」

「はあ、でも着実に進んでいると僕は思います」

「プロジェクトを加速させるために、メンバーを増やすことにしたよ」

「えっ？」

「アート君、入ってきてくれたまえ」

入ってきたのは、見るからに〝自由人〟といった感じの青年。芯は強そうだけどニコニコしていて、真面目で傷つきやすいジョージ君とは好対照。そして、ジョージ君より少し年上に見える。

「今年入社したばかりのアートです。よろしく」

「彼はデザイン会社から転職してきてくれた有望株なんだ。ぜひ一緒にフォーサイト・クリエーション・プロジェクトを推進してくれたまえ」

「僕一人でも進められます。もっと時間は欲しいですが、特に新しい人が必要というわけではありません……」

そう言いかけて、ジョージ君は言葉を飲み込んだ。メンバーが加わること、特にこの〝見るからに異質な人〟が加わることは、本意じゃないんだろう。

「じゃ、後は頼んだよ」

という言葉を残し、部屋を後にするフリップ

課長。

　残された部屋に、微妙な空気が流れる。まるで〝停滞は1秒たりとも許されない〟と言わんばかりにアートさんが切り出す。

「で、今なにやってんの？」

　そのぞんざいとも思える口調にひるむジョージ君。

「いろいろと〝場〟に足を運んで、気づきを集めるところから始めているんです」

「ふーん、まどろっこしいことやってんだね。どうしてそういうやり方をしてんの？」

「まずはお客さまを深く理解したいんです。お客さまにとって何が本質的なことなのか、シャーロック・ホームズみたいに、意外な真相をつきとめたい」

「へえ。で、その意外な真相は見えたのかい？」

「いや、残念ながら、まだはっきりしていません。気づきはそこそこ集まったので、これからその〝意外な真相〟を見出そうとしているところです」

「真面目だねえ。まどろっこしくない？　もっと直感的にいこうよ」

　これにはさすがにジョージ君もムッとしたようだ。

　それでもなんとか平静を装って、答えるジョージ君。

「僕は事実を丁寧に積み上げていきたい。根拠に基づいた提案にしたいんです」

「俺は答えをパッと思いついたら、それでいいと思うけどなあ」

「直感に頼るのは危険だと思います。もっと科学的にやっていかないと」

「じゃあ聞くけどさ、君は結婚相手を科学的に決めるつもりかい？　出逢った相手への君自身の直感でさえ、君は疑うのかい？」

初対面から意見がすれ違ってばかりの2人。まるで水と油みたい。それでも、無理やり組まされた2人はちょくちょく会議室に入って議論をするようになった。

端で見ていて、意見が合わない2人がいつ感情的に爆発してしまうか、冷や汗ものだ。割とデリケートなジョージ君に向かって、アートさんは言いたいことをずけずけ言っちゃうし。

何回目かの打ち合わせ。いつものように意見が対立するばかりで、議論が前に進まない。

見るに見かねて、私から提案してみた。

「ジョージ君が始めたやり方で、まずは考えてみない？　ほら、あのレストランでの気づき、私も印象的だったんだけど……」

「ああ、男女2人で食事したりお茶したりしているのに、お互いちっとも話をしない、という事実ですね」

「ふーん、確かにそれはありそうなことだな。で、そ

れをどう解釈してんの?」

「今、人はお互いへの興味を失っているんじゃないかと思うんです」

「逆じゃないの? 今、趣味のネットワーキングとかはすごいよ。お互い面識のない人同士でもつながったりしているし。お互いへの興味はますます深まってるんじゃないの?」

今日もかみ合わない2人。お互いちっとも共感しないんだから。どちらも言いたいことを言ってしまうと、ついには2人とも黙り込んでしまった。


長い沈黙が続く。

お互い、顔を見るのも嫌なのか、2人の目線の先にあるのは、部屋にある水槽。熱帯魚が、ゆったりと泳いでいるのを、黙った水と油が見つめている。

そもそも、この2人は資質が違いすぎて、合わないいんじゃないかな。フリップ課長に私から「この2人じゃうまくいきません」と進言しようかと思ったその時、2人の姿が目の前から忽《こつ》然《ぜん》と消えた。

「ジョージ君！　アートさん！　どこに行ったの？」

その時、2人は一緒に例の「不思議な世界」へ行っていたのだった。

「なんだこれは？　いったいどういうことだ？　おい、お前は誰だ？　これは夢なのか？」

初めての状況に面食らうアート。見るとフクロウの姿に変身している。

「あれっ、アートさんも一緒に来ちゃったんですね。こんな姿だけど、僕はジョージです。フクロウみたいだけど、あなたはアートさんですね。信じられないと思うけど、僕はこの不思議な世界を経験済みなんです。なんとかここから抜け出さないと、現実の世界に戻れないんですよ」

そこにまた例の神々しい怪物が現れた。

「君たちに、知恵をさずけよう」

「はっ？」と驚くアート。

「整理するな、感じ取れ……」

それだけ言うと、怪物は去ってしまった。

「どういう意味だろう？」

とジョージが考え込んでいると、横でアートがあたりを見回しながら訊いてきた。

「ここはずいぶんと変わった世界だな。で、どうすれば出られるんだ？」

「謎を解いて玉を手に入れないといけないんです」

「どんな謎を？」


「今回は2人で来たんだね。では、謎を出すよ」


「うわっ、マンホールがしゃべった！」

「これはマンホールじゃなくて、元の世界に戻るための扉なんです」

2人のやりとりに関係なく、扉が謎を出した。

「ニュートン力学は正しいか？」

「えっ、謎ってそれだけ？」

「今回は簡単ですね。ニュートン力学は、すべての物理学の基本になっている理論です。正しいに決まっています！」

「おいジョージ、そんなことはないぜ。ニュートン力学では説明できないことなんていくらでもあるんだぞ。だから、答えは〝正しくない〟に決まってる！」

「答えを言ってみたら？」

「僕の答えはこうです！　ニュートン力学は〝正しい〟！」

『NO!』

「えーっ！」

「ジョージ、残念だったな。俺のほうが賢かったってことだ。答えはこうだ、ニュートン力学は〝正しくない〟！」

『NO!』

「えーっ！」

「正しいかどうかを問われて、〝正しい〟も〝正しくない〟もどちらも間違い、ってどういうことでしょう？」

「訳がわからないな。こいつを引きずりおろして、外に出ようぜ」
「アートさん、やめろよ！」

扉をつかもうとするアートと、それを止めようとするジョージ。2人で揉《も》み合っているうちに、2人の姿が合体して一つになってしまった。

「うわあ、これはどういうことだ!」

「僕たち合体して一つになってしまった。この世界では不思議なことばかり起こります」

「〝正しい〟と〝正しくない〟も合体させろ、ってことなのか、ジョージ?」

「そうか、ニュートン力学は、正しいとも言えるし、正しくないとも言えます。どちらも成り立つってことなのかもしれない。ニュートン力学が正しい（A）か、正しくないか（B）か、で答えるのがそもそも間違っているということなのでしょうか。僕たちが合体したということは、AとBを合体させたCを生み出せってことなのかもしれません」

「ニュートン力学は正しいとも言えるけれども、ニュートン力学で説明できない物理現象も、確かにいっぱいあるもんな」

「それぞれをA、Bとしたときに、合体させて生まれるCって何でしょうか……」

「わかったぞ！　相対性理論だ！　ニュートン力学と、ニュートン力学では説明できない現象は、どちらも相対性理論で説明できる！」

すると扉の口から玉が出てきた。

「青色の玉があるぞ。これで出られるのか？」

「そうです。この玉には〝統合〟と書かれていますね」

G16
シュ〜ッ〜

消えた2人を探していた私は、突然2人が再び現れたので驚いた。

「ふわぁ。今のはいったい何だったんだ？　夢だったのか？」

目を丸くしているアートさんに、ジョージ君が落ち着いた調子で話す。

「夢じゃないんです。ほら、この玉を見てください。さっきの世界でもこの青い玉を見たでしょう？」

「確かに、俺が相対性理論と叫んだら、この玉をもらって出ることができた。あれは現実だったのか⁉」

ジョージ君がときどき話す、あの不思議な世界って、本当のことだったの？

2人は一度消えて、そしてまた戻ってきた。マジックのように。

それを私はこの眼で見た。まだ信じがたいけれど。

「神々しい怪物から、また何かメッセージをもらったの？」

「はい。今回は〝整理するな、感じ取れ〟でした。それとね、今回はアートさんと2人であの世界に行ったんです。そして、とても不思議なことが起こったんです」

「どんなこと？」

「2人が合体したんです。この青い玉に書いているように、〝統合した〟と言ったほうが正確かもしれない」

ジョージ君の話はいつもながら意味がよくわからない。でも、

その玉の知恵を使うと、どういうわけかいつもうまくいくのよね。

「おいおい、不思議な話をしてないで、ちょっとは俺に説明してくれよ」

「これは、このプロジェクトが始まってから僕の身に起きている現象です。困り果てていると、不思議な世界に〝落とされ〟て、そこで貴重な知恵をさずかる、ということが続いているんです。そして、その知恵はこのプロジェクトで実際に役に立つんです」

「最初に現れた、あの巨大な怪物みたいなのは誰なんだい？」

「何者なのかは、僕も全くわからないんです。そして、あの神々しい怪物が知恵の言葉をさずけてくれた後に、新たな謎をあの扉が問いかけてくるんです」

「今回の玉は〝統合〟ね。統合ってどういう意味なのかしら？」

「2人が合体したから、〝異質なものを結びつける〟という意味なんだと思います」

「確かに俺とジョージは異質だな」

「それだけじゃなくて、異質な2つのものを統合して新しいものを生む、ということが重要だということを学んだように思います」

そういえば、消える前に、ジョージ君とアートさんは2つの気づきで揉めてた。何についてだったっけ？　そうだ、このAとBで揉めてたんだった。

A：人はお互いへの興味を失っている。
B：人のお互いへの興味はますます深まっている。

このAとBは、互いに矛盾しているようにしか見えないけど、これらを統合して新たなCを生む？　どういうことなんだろう？

「いずれにせよ、いがみあってばかりいないで、ジョージ君とアートさんの2人で力を合わせろってことじゃないのかしら？」

「それだけじゃないと思います。異質なものをただ混合させるんじゃなくて、化学反応を起こす、という感じなんじゃないでしょうか？」

「四《し》の五《ご》の言ってないで、その統合とやらをやってみようぜ」

私は、先ほど2人が揉めていたAとBを紙に書いて、ジョージ君とアートさんに提示した。

「何度見ても、僕にはAとBは矛盾していて、両立しないようにしか見えないです……」

「そう簡単にあきらめないで」

「うーん。俺、もう帰るぜ。ここは理論派のおふたりに任せて」

「私が理論派？　そうだ、今回のご神託は、たしか〝整理するな、感じ取れ〟だったわよね？」

「そうです。これも意味がよくわからないです」

「AやBの情報を整理しちゃダメなのよ。AとBを整理すると、それぞれを別のグループに分類するだけで終わっちゃうもの。だから、感じ取らないといけない、ということでしょ。そのためには、気づきを議論するんじゃなくて、事実そのものに立ち戻らないといけないんじゃないの？」

「俺は帰るよ。お疲れさん～」

「アートさん、まだ帰っちゃダメよ！」

「えーっと、Aの気づきにつながった事実と、Bの気づきにつながった事実を並べてみましょうか」

ファクト①：男女2人で食事をしたりお茶したりしているのに、お互いちっとも話をしない。

ファクト②：趣味を通じて、お互い知らない同士でもつながっていく。

「このファクト①とファクト②なら、統合できるかもしれないわ」

「確かにそうですね。でも、この①と②の事実を見ても、整理するだけじゃ〝違うもの〟として別々の枠組みに分類してしまいそうです。少なくとも僕なら、そうします」

そして私たち3人は、①と②の書かれているメモをじっと見つめた。静けさが部屋をつつむ。すると、これらの事実が私たちに何かを教えようとしているかのように感じられてきた。しかし、何を教えようとしてくれているのかは、なかなか感じ取れない。しびれを切らしたアートさんが言う。

「俺は飲みに行くから、そろそろ帰るよ〜」

「飲みに行く……。そういえば、ジョージ君、あなた他にも気づきをたくさん集めてたわよね？　その中に〝年配の男性社員が誘い合わせて女性のいるお店に行く〟とかいうのがなかったっけ？」

「みんな、認められたいんだよなあ」

「えっ？　何？　もう一回言ってよ、アートさん」

「やっぱお店の女性に〝スゴイ〟とか言ってほしいんだよ。客だから言ってくれる、というのがわかっていたとしてもさ。日々いろいろあって、疲れてるしさ」

「承認欲求ね。でもそれは大昔からある人間の欲求で、新しいことでもなんでもないわ」

「だけど、時代によって、特定の欲求が強まっている、というのはあるんじゃねえか？　前にいた会社なんて、トイレにすごい張り紙がしてあったぜ」

「トイレに張り紙？　ひょっとしてそれは〝トイレットペーパーでイタズラしないでください〟といった内容ですか？」

「ジョージ、どうして知ってるんだい？　前の会社に来たことでもあるのかい？」

「いや、アートさんがどこで働いていたのかも知らないから、それはないです。僕がその張り紙を見たのはデザイン会社じゃなかったですし。でも、トイレでのイタズラ禁止の張り紙って、あちこちの会社で起こっている現象なんですね」

「ということは、①と②に加えて、③と④の事実も統合できるかもしれないわね」

ファクト③：年配の男性社員が誘い合わせて女性のいるお店に行く。

ファクト④：ある会社に行ったら、トイレに張り紙がしてあり、「トイレットペーパーでイタズラしないで!!」と書かれていた。

「みんな認めてほしくて困ってる、っていうのじゃダメなのかい？」

「今、承認欲求が特に求められている、ということで4つとも統合できそうね。でも、何かもっと的確な言葉で表現できないかしら」

「貯金ではないでしょうか」

「貯金？　ジョージ君、それどういう意味なの？」

「承認の貯金が残高ゼロなんじゃないでしょうか？　承認を十分蓄えていれば、少々のつらいことでも耐えられます。でも、その貯金がないものだから、みんな認められることを渇望する世の中になった、と考えたらこの4つの事実が説明できるように僕は思います」

「お前、なかなかやるね。つまり、これらの事実の背景になっているのは、〝承認の貯金が足りてない〟ということだね」

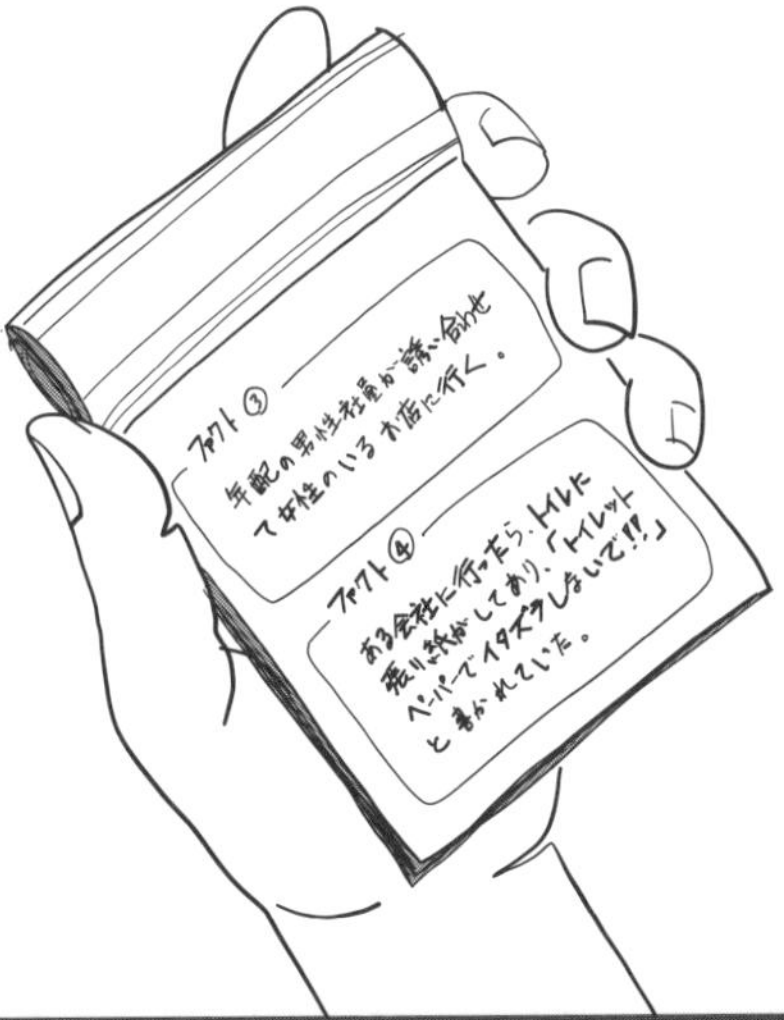

根源的な欲求

「これまでになかった新しい価値」といっても、すべてはなんらかの人間の「根源的な欲求」に根ざしている。承認欲求も、そのひとつである。時代によって強弱はあっても、心理的な欲求はどの時代もほとんど変わらないので、人間心理を深く理解することは、新価値創造では欠かせない。

すごい。あれだけいがみ合っていた2人が結束した。そして、4つの事実が統合されて、その背景にある原因が見えてきた。〝承認の貯金が不足している〟という仮説をもとに考えると、①、②、③、④どの事実も説明がつきそうだ。

ファクト①「話をしないカップル」は、承認の貯金が不足しているため、意見が衝突することが煩《わずら》わしく、意見が合わないぐらいなら意見を表明しないほうが楽でいい、と考えれば説明できる。

ファクト②「趣味を通じて知らない者同士がつながる」は、共通の趣味があれば、似た嗜好の人たちの間には意見の衝突が起こりにくいので、承認の貯金がなくても安心してつながることができる、と考えられる。

ファクト③「女性のいるお店に行く年配の男性」は、お金を払ってでも承認の貯金を作りに行こうとしている、と考えれば説明できる。

ファクト④「会社のトイレットペーパーにイタズラ」は、承認の貯金が足りていないため、置かれている環境への怒りが、誰にも見えないところで噴出している、と考えられる。

2人の気づきは、はじめは矛盾しているように見えたけれど、「承認の貯金が不足」という仮説を用いて統合することができた。

矛盾していることがあると、人はみんな、AとBのどちらが正しいか、という枠組みの中で議論しがち。私もそうだけど。でも、AとBを統合してCを生む、これが重要なのね。なかなか難しいけど、不可能じゃない。考え込んでいたジョージ君が言う。

「AとBを統合して生まれたCは、より本質的な仮説だと思うんです。これが、いわゆる〝インサイト〟なんじゃないでしょうか？」

「インサイトって、どういう意味なんだい？」

「定義するのは難しいですけど、あえて言うならこういうことでしょうか。〝複数の事実を俯瞰《ふかん》し、統合することで生まれる新たな仮説の中で、本質的だと確信できるもの〟」

「それって、〝意外な真相〟と同じ意味じゃないか？」

「なるほど、そう考えるとわかりやすいわね」

仲間が3人に増えていろいろあったけど、着実に前進しているように感じる。あれっ？　いつの間にか私、自分をメンバーにカウントしちゃってる。自分でも気づかない間に、ずいぶんと足を踏み入れてしまったみたい。

でも、これだけでは具体的なビジネスにつながる感じがしない。だって、まだフリップ課長に何も説明できないもの。人が求めていることって、一体どんなことなんだろう？

玉③「統合」

私、メタがここまでを振り返りましょう。

興味深い事実を集めた、そこから気づきを得た、個々の事実からアブダクション（仮説的推論）することがどういうことかもわかってきた、としましょう。しかし、いくら興味深い事実をたくさん集めても、それらを整理するだけでは何も新しい発想は生まれません。

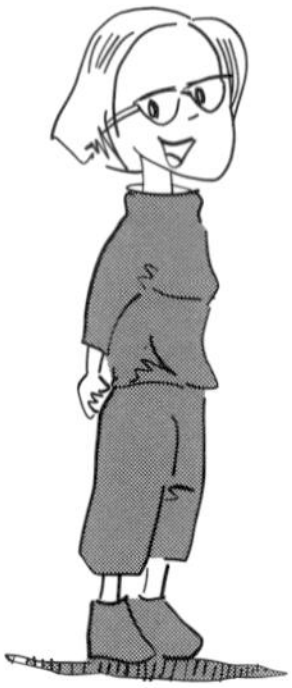

「あの事実」と「この事実」は同じグループ、と分類するというその行為が、それまでの思考の枠組みで考えることでしかないからです。そうすると、当然ながら「それまでの枠組みから抜け出す」ことはできません。ではどうすればよいのでしょうか？

様々な事実が書かれた何枚ものメモを目の前に置いて、私たちがじっと見つめているときに、「集めてきた事実たちが何かを教えようとしてくれている」ような感覚がありました。その時に「これだ！」と思いました。つまり、整理するのではなく、〝感じ取る〟ことが必要なのです。

そして、感じ取ることではじめて、様々な事実が統合され、これまでになかった新たな発想が生まれます。

それはまるで、映画『スター・ウォーズ』に出てくる「フォース」のようなものです。つまり、このプロセスは手順化できません。なので、この「統合」の玉の実践は、人間にしかできないことなのだろうと思います。

お互いが矛盾するように見える事実Aと事実Bを〝分類〟すると、もちろん事実Aと事実Bは引き離され、別ものとして取り扱われることになります。

しかし、新しい発想のためには、一見矛盾しているように見える事実であっても、統合する必要があります。

ヘーゲルは弁証法において、正（テーゼ）と反（アンチテーゼ）を統合（アウフヘーベン）することで、合（ジンテーゼ）を生み出すことを提唱しています。

ジョージ君とアートさんが不思議な世界で経験したのは、このアウフヘーベンです。「ニュートン力学」と「ニュートン力学では説明できない物理現象」という、一見矛盾するように見えるものを、それぞれ正と反とし、これらを統合することで「相対性理論」という新たな発想が生まれたのです。

これと同じような統合は、身近なサービス業でも起こっています。

世の中には、並はずれて高い評価を得ている個人経営のラーメン屋さんがあります。

その超人気店では矛盾しているように見える

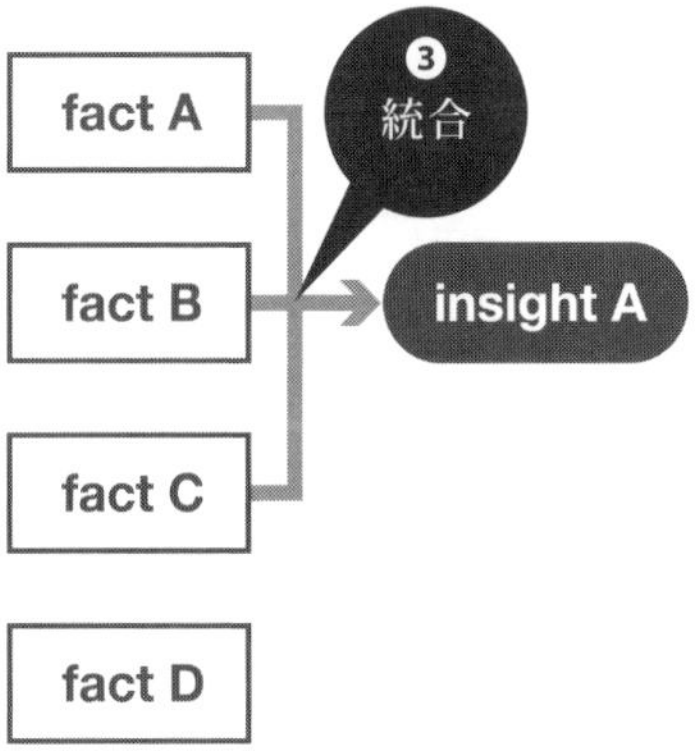

2つの要素、「頑固」と「柔軟」が統合されていました。

「自分のお店が何のために存在しているのか」というアイデンティティや思いについては「頑固」ですが、「味やサービスについてはお客さまの行動や感想に敏感で、柔軟に変更していく」という形で統合されていました。この統合が、このラーメン屋さんの高評価の理由だったのです。

「Aが絶対に正しい」

「いやBのほうが正しいに決まってる」

　という不毛な議論からは早く抜け出して、

「AとBを統合して、新たなCを生もう」

　という考え方に切り替えたほうが、クリエイティブな成果を生み出します。

　世の中には統合を推奨している言葉がたくさんあります。例えば、「温故知新」という言葉も、「古いA」と「新しいB」を統合しよう、という教えだと考えられます。

　人の行動や世の中の動きなどの様々な事実を統合することで、「意外な真相は何か？」というインサイトを得ようとする、それがフォーサイト・クリエーションの方法論です。

最後に、フィッツジェラルドの言葉を記しておきます。

The test of a first-rate intelligence is the ability to hold two opposed ideas in mind at the same time and still retain the ability to function.

優れた知性とは、二つの相反する考えを同時に持ち、しかも、それらを機能させる能力のことである。

F・スコット・フィッツジェラルド（1896-1940）　アメリカの小説家

第4章　新たな仮説を生むには？

　ここは会議室。余計なものは何一つ置かれていない。絵さえもかかっていない灰色の壁は、「実用性とコストを重視しました」と言わんばかりだ。部屋の中は静まり返っている。その壁がすべての音を吸収してしまっているかのようだ。

　フリップ課長が、自らが座っている椅子を揺らしながら、笑顔をひきつらせている。イライラしていることを気づかれまいとしているようだが、ジョージ君、アートさん、私の3人には一目瞭然《いちもくりょうぜん》だ。気持ちを抑えるためなのか、声のトーンを落としてフリップ課長はゆっくりと話しだす。

「〝承認の貯金〟という発想は新しいとは思うんだよ。だけど、承認が必要ということ自体は平凡だし、そのために何をどうすればいいというんだ？　とにかく人を褒《ほ》めりゃいいのか？　いっ

たいこれはどういう新しい価値なんだ？　将来、会社が具体的に何をしているのかが、全く見えてこない」

ジョージ君は、姿勢を正しながらも、「さすがにこたえてます」という表情を浮かべている。説明しては答えになっていないと指摘される、の繰り返しが、着実にジョージ君の自信を奪っていく。「答えから考えるのではなく、気づきから始めるというやりかたのほうがうまくいく」という信念もぐらつきはじめているようだ。一方、アートさんのほうは、この固い雰囲気に全く合わないにこやかな表情をうかべている。フリップ課長の言うことは、まるで気にならないんだろうか。

「これでは私も会社に何も説明できない。次回は、何をビジネスにするのかを具体的に説明するように。わかったね？」

そう言うと、フリップ課長は足早に灰色の部屋を後にした。

プロジェクトの進捗をプレゼンしたジョージ君、さすがに落ち込んでいる。

なんとか元気づけようと、かける言葉を探していると、アートさんがいきなり声をあげて笑い出した。

「あっはははは！」

呆然とするジョージ君と私に、アートさんが言った。

「3人でちょっと悪いことしない？　今から会社を抜け出そうぜ」

「何言ってるの。まあ、ちょうどお昼時だから、別にかまわないけど」

「2人を連れて行きたいお店があるんだ。今日ならやってるはずだ」

ふうん。じゃあついて行ってみよう。

アートさんと私は連れだって歩く。ジョージ君はとぼとぼ黙ってついてくるだけだ。あんなことがあった後なのに、アートさんがいつもより陽気なのはどういうわけなんだろう？

「こっちだよ」

と言いながら、アートさんは古い雑居ビルに入り、急な階段を駆けのぼっていく。

2階にあるお店の入り口に、「bar and café:chamomile」と書かれている。カモミールと読むんだろうか。

「ちょっと、これってバーじゃないの？　昼からお酒？」

と言ってしまう。


中に入って驚いた。思ったよりもずっと広いお店の中は、ヨーロッパ風ともアジア風ともつかない不思議な空間になっていたのだ。多種多様な小物があちこちに置かれていて、それぞれがばらばらのようで、全体として見事に調和している。驚いたのは、暖炉があるってこと。薪が横に置いてあるから、本当に暖炉として使っているんだろう。でも、一番不思議だったのは、そのバーのママ。

「いらっしゃい。ひさしぶりね、アート」

と迎えてくれたのは、豪快なおばさん、と言うのが一番しっくりくる女性だった。この人からは知的な鋭さとあたたかさを感じる。私は思わず、バーのママに話しかける。

「ここは、ママさんのお店なんですか?」

「そうと言えるほどでもないんだけどね。オープンしていない日も多いし。どうぞ、まずは座って」

　ふうん。しかし、謎めいた人だなあ。この人、お店の醸《かも》し出している雰囲気と同じ。いろんな要素が調和している感じがする。私は彼女にとても興味を持った。

「アート、元気そうね。顔色もいいし。でも髪が伸びっぱなしじゃない。最近の調子はどうなの?」

「まあまあかな。ドロレスも相変わらずだね。今日は仲間を連れてきたよ」

「それはそれは。仲間のみなさん、アートみたいな異色なのと一緒に働くなんて、大変でしょう?」

　この人、ドロレスっていうんだ。

「このアートって子は、変わってるでしょ。髪形も、服も、言うことも。言いたいことをすぐに口に出すし」

「アートさんとドロレスさんは、長いつき

あいなんですか?」

　ジョージ君がいきなり話し出した。ずっと無言だったのに。

「まあそうなるわね。あなたは?」

「ジョージです。今日は、凹《へこ》んでまして」

　あれっ?　そんなこと初対面の人に言っちゃうんだ、ジョージ君。

「さっきまで上司に成果報告をしてたんですけど、全く評価されなくて。僕としては、そもそものプロジェクトの進め方も含めていろいろと考えながらやっているつもりなんですけど、なかなかわかってもらえないんです」

「それはたっぷりと話を聞かないといけないわね。さ、まずは飲み物でも。何がいい?」

　私は紅茶を、ジョージ君はカプチーノを、アートさんはブラックコーヒーを頼んだ。そして、風変わりなランチも。

「答えを求められるんです。もちろん、答えは最終的に必要なんですけど、僕としては気づきを集めて、そこから本質は何か、をまず明確にしてから答えを考えたいんです」

「それがいいと思うわよ。まるでアインシュタインみたいね」

「アインシュタイン?」

「それで、何で苦労して凹んでいるの?」

「そこです。気づきは得られるようになったし、アブダクション(仮説的推論)ってやつもそこそこできるようになった、事実の統合もまあまあだ。でも、何かが足りない。どうしても平凡な洞察にしか行きつかないんです。もっと気づきを集めるべきなんだろうか？　と悩んでます」

どうしたんだろう、ジョージ君。まるでダムの放水が始まったみたいに、話が止まらなくなっている。そうだ、ジョージ君はドロレスにお任せしておいて、アートさんにさっきのことを聞かなくちゃ。


「アートさん、ついさっき、会議室で笑い始めたのはどうして？」

「こいつはすごいチャンスだと思ったからさ」

「チャンス？　ピンチじゃなくて？」

「そう。そんなの、とらえ方次第さ」

謎めいた話し方が、流行《はや》っているのかしら。ドロレスもアートさんも、いちいち言うことがミステリアスだ。


「それと、ジョージが困っているポイントは、君が思っているところとは違うぜ」

「どういうこと？　上司にダメを出されて困ってるんじゃないわけ？」

「フリップ課長は答えが出てこないことにイライラしてるけど、具体的な答えが必要だってことは、ジョージもわかってるさ。で、彼が困ってるのは、フリップ課長がイライラしてることじゃなくて、新しい仮説がなかなか出せないってことさ」

「新しい仮説が出てこないと、結局は答えも出せないから？」

「そういうこと。そこがあいつにはもどかしいんだと思う。ジョージはずっと、〝気づきから始めて、本質を見極めて、それからどうするべきか考える〟ということが大事で、〝答えから考える〟

ことをよしとしないことが、もう信念みたいになってるだろ。実は俺もそこは同じ意見なのさ」

「あれ？　アートさんって、〝答えから考えればいい〟って言ってなかった？」

「確かに言った。でも、よく考えてみれば、俺もずっとジョージの言うようにしてきた、ってことに気づいたのさ。答えを思いつく時、実は〝気づきから始めて、本質を見極めて〟っていうプロセスを無意識のうちにやっているなって。自分でも気づいていなかったんだけどね」

　年下のジョージ君からも学びを得ようとするアートさん、すごい。

「〝承認の貯金〟っていう考え方はいい線いってるけど、本当に必要なのは〝何が問題なのか〟をこれまでのとらえ方と違う形で再定義することさ。そういうインサイト、つまり新しい仮説が出てこないところが彼の悩みなのさ。もちろん、俺の悩みでもある。ぜひなんとかしたい」

　いつのまに、ジョージ君とアートさんは深いところでつながったんだろう？

　そう思ってジョージ君とドロレスのほうを見ると、ジョージ君の話がさらにエスカレートしていて驚いた。

「僕は、人間はみんなもっと幸せであってもいいんじゃないか、といつも思っているんです。もちろん何にでも例外はあるけど、ほとんどの人は一生懸命に生きてますよ。人はみな脆《もろ》いところがあるけれど、苦難を乗り越える強さを同時に持っていると思う。僕は人が好きなんです。なんとか、人が元気になる助けとなるようなことをしたいんです」

「とてもいいじゃないの。その思いを大事にするべきよ」

「だけど、会社の今後を考える、という仕事では、僕個人の思いなんて必要とされないんです。

まあ、それが当たり前ですよね」

「それはわからないけど、あなたの熱い思いはなくさないほうがいいんじゃないかしら？」

「僕の思いは、僕のこれまでの人生と直接つながっているんです。僕が幼い頃、父と母は……」

ジョージ君、いつの間にか自分の生い立ちまで話し始めてる。ドロレスって、すごい人ね。初めて会った人にここまで心を開かせてしまうんだから。

「ドロレス、暖炉に火を入れてくれない？」

アートさんがそう頼み、ドロレスはジョージ君のもとを離れて、快く応じる。季節外れに火が入った暖炉は、まるで暗闇の中の太陽のよう。ゆらゆらと揺れる炎は、いくら見ていても飽きないぐらい美しい。

ジョージ君もアートさんも、暖炉に見入っている。2人とも黙っているけど、思いは一つのよう。言葉は交わさないけど、同じことを考えているに違いない。そう、これからどうするべきかを。

この機会に、ドロレスにいろいろと聞いてみよう。

「ドロレスさん、お話ししてもいいかしら？」

「もちろん。でもあの2人はどこに行っちゃったの？」

えっ、と思って振り返ると、再びおかしなことが起こっていた。ジョージ君とアートさんがまた消えてしまったのだ。

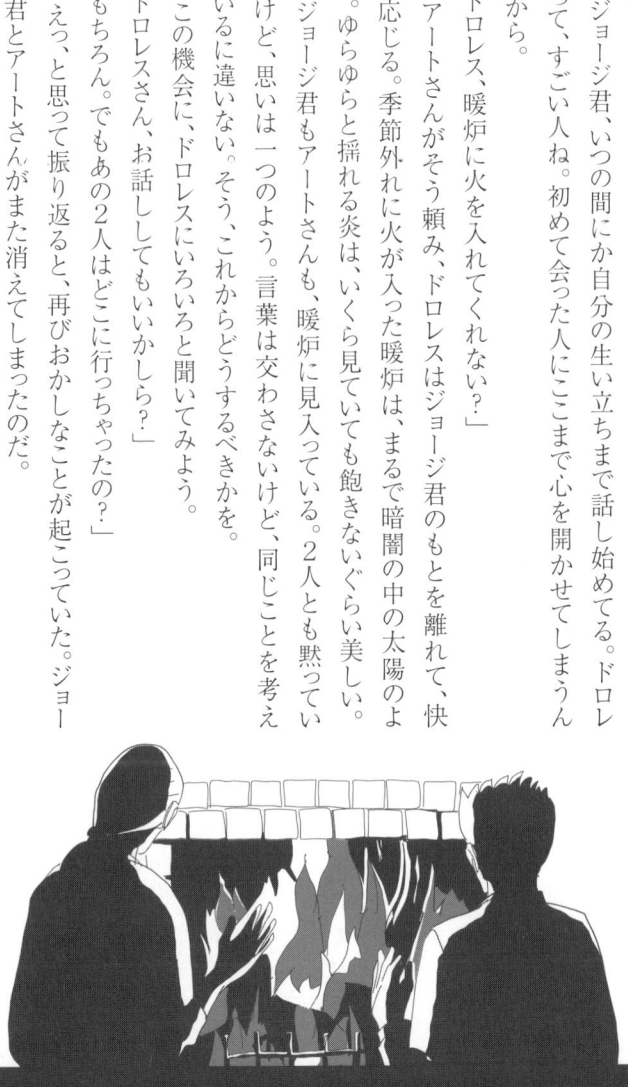

「君たちに、大事な知恵をさずけよう」

「またあいつが出てきた」

気のせいか、以前より怪物の輪郭が
はっきりと見えてきたようだ。

「ボケよ……」

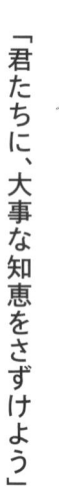

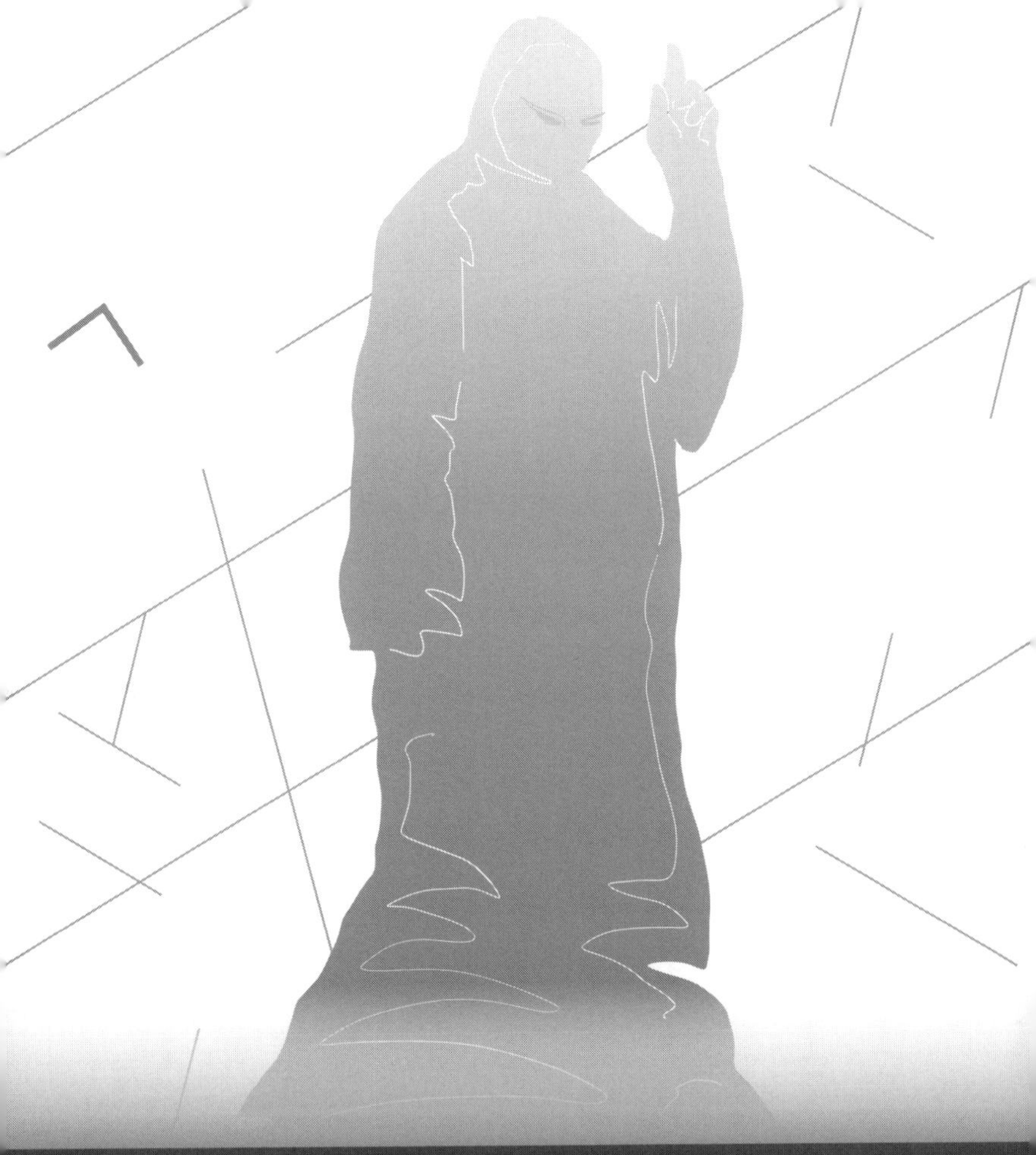

「またあの世界に来たのか？」

「ようこそ。じゃ、また謎を出すよ」

「受けて立つよ！」

「今回は、ある形を立体的に粘土で作ってほしい。

作ってほしい形は、これさ」

「直方体だね。これは簡単だ」
J12
『NO!』
「別の方向からも見てみてね」

一体化していた2人は分裂し、それぞれ別の角度からその〝形〟を見た。

「横からだと三角形に見えますね」

「正面から見ると正方形で、横から見ると正三角形か。ということは三角柱だな」

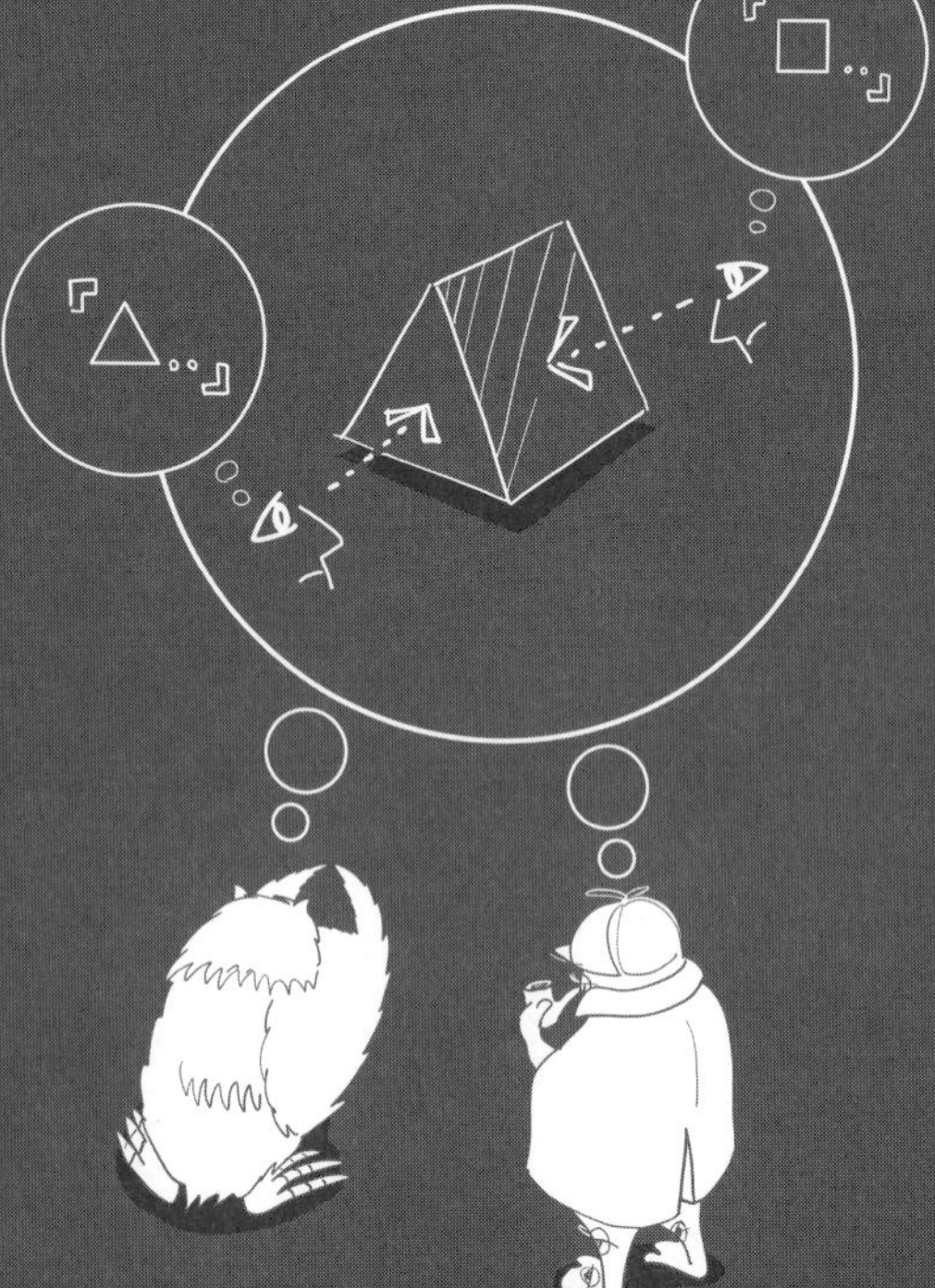

「えっ？　三角柱でもないの？　いったいどんな立体なんだろう？」
　すると2人は、また合体した。
「あれっ、いきなりまた合体しました。それと、背中に何か感じる。
うわっ！　飛べるよ！」

「例の物体、上から見ると、なんと！　円形に見えるぞ!!」

「前から見ると正方形、横から見ると三角形、上から見ると円。どういうことなんでしょう？」

「そんな形が本当に存在するのか？　ひょっとして〝そんな形はない〟というのが正解とか？」

「そういう不思議な形が本当に存在しないか、もうちょっと考えてみましょう」

「わかった、これだ！」

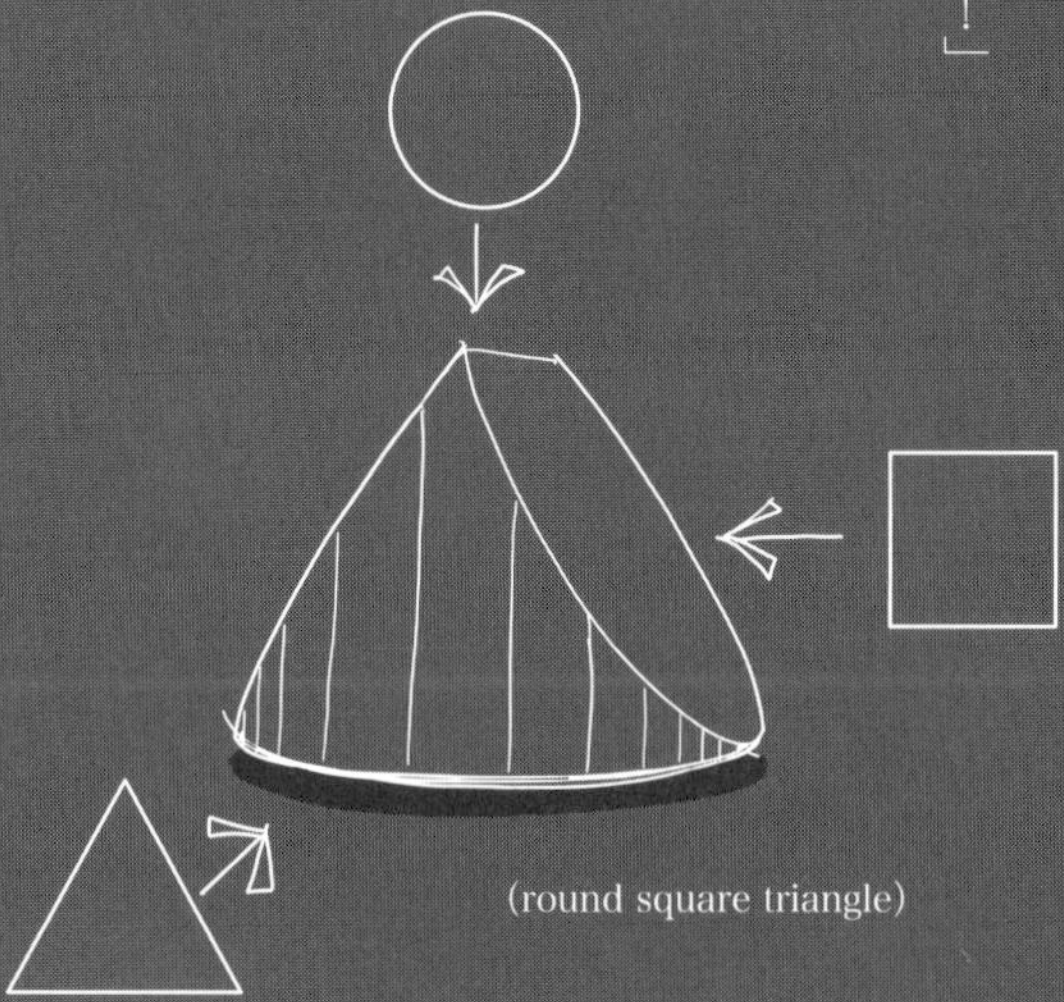

「緑色の玉が出てきた！　玉には〝リフレーム〟と書いてありますね」

またしても私は驚いた。

ジョージ君とアートさんが再び姿を現したからだ。それも何もないところから急に。どうやら、2人が「不思議な世界」に行ったり戻ったりしているのは、本当に起きていることなんだ。なにせ、今回は私だけじゃなくて、ドロレスも目撃している。間違いない。

ドロレスは、最初驚いていたけれど、すぐに事態を受け入れて、冷静にアートさんに問いかけてる。やっぱりこの人、只者じゃない。

「何があったの?」

「いやあ、話せば長いんだけどね、学びを得るための旅みたいなものさ」

「その緑色の玉は何?　この店にはそんなものなかったわよ」

「こちらも話せば長くなるんだけどね」

「今回謎の怪物からさずかった知恵は〝ボケよ〟でした」

もう4回目になる〝不思議な世界への旅〟に慣れたのか、ジョージ君は落ちついたものだ。また一つ賢くなったような顔をしている。

「ボケよ？　どういう意味かしら？」

「それと、出された謎から考えると、〝同じものでも、別の角度から見れば全く違ったものに見える〟と言いたかったのだと思います」

アートさんが、すべてを見透かしたように話す。

「〝ボケる〟は、ぼやかすとか、認知症になる、という意味じゃないね。どっちかというと、お笑いのボケに近いんじゃないか？　円を見て、〝これ四角だね〟って言うような感じ」

「そうか、普通の考え方とは違う考え方を提示する、という意味でのボケですね。まさに今の僕たちに必要なことです。でも、どうしてわざわざ〝ボケよ〟という言い方を使ったんでしょう？」

とジョージ君。私は玉を手に取り、よく見た。「リフレーム」という言葉が刻まれているけど、これはどういう意味なんだろう？

さっそく調べてみる。

「〝リフレーム〟は、心理療法の用語で、物事のとらえ方を前向きに変える、という意味みたい。自分に起こったことが一見ネガティブに見えるときでも、ポジティブにとらえることが可能で……」

そこまで言いかけて、私はさっきの会話を思い出した。

「そう、さっきアートさんが言った、〝ピンチはチャンス〟と同じね。同じ出来事でも、ポジティブにもネガティブにもとらえることができる、ってことなのかな」

興味深そうに耳を傾けていたドロレスが、口を開いた。

「うちのお客さんから聞いた中にも、似たような話があったわよ。その人は著名な研究者なんだけど、夜遅くに家に帰ると、子供が居間におもちゃを散らかしたままにしていたんだって。どれだけ子供に注意しても、毎晩帰ると散らかっていたそうよ。その人は〝なんてだらしないんだ。疲れて帰ってきてるのに片づけるのが大変だ〟とずっと思っていたんだけど、ある日思い直したんだって。〝毎日片づけていると、遊ぶおもちゃが変わっていくのを感じる。そして子供が最近何に興味を持っているのかがわかるな〟って。それからは〝平日はなかなか会えない子供が、父親の自分に日々の成長を教えてくれているんだ〟と思うようになったんだって。それからは片づけるのが楽しくなったそうよ」

「その話、納得。それがセラピーでの〝リフレーム〟ってやつだよね？　まさに〝同じものでも見る方向が変わると別の形に見える〟ってことだろ？」

アートさんのこの言葉を、ジョージ君が引き継ぐように話す。

「ボケよ、というのは、たとえツッコまれることがあったとしても、これまでと違ったとらえ方をして発想を広げなさい、ということなんだろうと思います」

「そうそう。マジメなだけじゃダメなんだよ。フザケていると思われようが、ボケていけってことだろ」

いかにもアートさんらしい発言だ。私もひとつ思いあたることがある。

「ホームズもそうよね。ワトソンの常識的な感覚から比べれば、最初はボケたことを言っているようだけれど、よくよく説明をきくとホームズの説のほうが正しい、と思えてくるという」

「そもそも、イノベーションって、そういうものでしょう？　どんなイノベーションも、最初は非難を浴びるのがお決まりのようよ」

ドロレス、この人は何者なんだろう？　イノベーションという言葉がこの人から出てくるとは。

「イノベーションって、技術革新という意味の？」と私。

「いえ、違うわ。ドラッカーが言うところの〝新しい価値の創造〟よ」

ドロレスが、ますます謎めいてくる。どうしてこんなに引き出しが多いんだろう？

「最初から皆がもろ手を挙げて賛同したイノベーション、なんて存在しないのは歴史が証明してるのよ。正解が闊歩《かっぽ》する世の中で、ボケることはとても重要なこと。その知恵をさずけてくれる謎の怪物とやら、とってもいいこと言うじゃない」

「よし！　じゃあみんなでさっそくボケようぜ。無難に正しいことを言おうとするんじゃなくて、ボケてボケてボケてボケまくろう！」

アートさんが元気よく言った後、ジョージ君がこれまで一番こだわっていた事実を、お題として提示する。

「じゃあ、〝レストランで2人で食事しているのに会話がない〟でボケてみましょう」

さっそくいろいろなボケが出た。時々みんなが、わっと笑う。

「実は2人は別の手段で会話していた、テレパシーで！」

「1人はアメリカ人で、もう1人はベトナム人で、コンピュータでテキスト翻訳しながら無言で会話してた！」

「その2人は、ただアリバイ作りのために一緒にいただけ！　だから相手に興味がない！」

「ついでに自分にも興味がない！」

「週末は友達と食事してた、と言うための偽装友人だった、とか！」

「会話したいけど、趣味が違いすぎてかみ合わないから、最適化されたのが今の沈黙という姿!」

みんな、好き勝手に発言しほうだい。わあわあと盛り上がっていると、ジョージ君がひときわ大きな声で言った。

「ちょっと待って! 今日、既に大事な気づきを得たと思います」

「ボケる、かい? それともリフレーム?」

そう言うアートさんを制して、ジョージ君が言う。

「そのずっと前です。そう、このお店に入った時の、ドロレスさんとアートさんの会話です。おふたりの話を、僕はとてもうらやましいと思って聞いていたんです。どうしてだろう」

「ドロレスとの会話って、〝元気?〟とか〝久しぶり〟とか、そういうのかい?」

「いや、それだけじゃなくて、〝顔色がいい〟とか〝髪が伸びっぱなし〟とか、お互いを知っていないと出てこないやりとりのところです。最近、世の中でそういった会話がなくなってきている感じがします」

ジョージ君は、熱く語り続ける。

「顔色がいい、というのはポジティブなフィードバックですけど、それを言うためには、調子がいいときと調子が悪いときのアートさんの顔色を把握しておかないといけない。髪が伸びっぱなし、はどちらかというとネガティブなフィードバックだけど、そういったことを最近めっきり言わなくなった」

私も言う。

「そりゃそうよ。〝最近太ったね〟なんて女性に言おうものなら、えらいことになるわよ。反対の〝最近キレイになったね〟もダメ。髪形について言うことも、もちろんNGよ」

「それと同じで、叱ったり、褒めたり、もなかなかできなくなったと思うんです。さわらぬ神にたたりなし、といったところでしょう。でも、さっきのアートさんとドロレスさんの会話は、ポジティブなこともネガティブなことも遠慮なくフィードバックしていましたよね？　これって、承認の貯金と関係があるんじゃないでしょうか？　僕が自分のことを初対面のドロレスさんに話したくなったのは、この最初のやりとりがあったからだと思います」

ジョージ君、何か重要なインサイトをつかむ一歩手前にいるみたい。

「承認の貯金がなくなったのは、フィードバックがなくなったからじゃないでしょうか？　承認といっても、必ずしもポジティブなフィードバックじゃなくてもいいと思います。お互いにいい意味で関心を持ってる、って前提が共有されていれば、〝髪形がヘンじゃない？〟っていうフィードバックでも承認の貯金につながるんじゃないでしょうか」

「ま、いろいろな〝遠慮〟が社会に蔓延《まんえん》してるよな。人からのフィードバックが減ったら、自分で自分のことがわからなくなるよ。自分で自分のことを理解するのって、なかなか難しいからね。ドロレスに言ってもらわなかったら、顔色がいいとか元気そうだとか自分ではわからなかったよ。言ってもらってはじめて、そうか、俺って今日元気そうなんだ、ってわかるわけであってさ」

アートさんも核心に近づこうと、話し続けてる。

「関係が悪いから遠慮してフィードバックしなくなるのか、フィードバックし合わないから関係が悪くなるのか、どちらが先なのかはわかんないけど、悪いループが回ってそうだな」

「あっ！」

何よジョージ君、また急に大きな声で叫んで。

「さっきのみんなのボケの中に、大事な言葉がありましたよ！」

「どれだい？　いっぱい出たから、どれのことかわかんないぞ」

「自分に興味がなくなってる、って誰か言いましたよね？　僕だったかな？　まあ、誰でもいいです。これですよ、これ！」

「どういうことなの？」

「人と人との間のフィードバックが減っている、だから自分のことがわからない。これが続くと、自分への興味を失っていく。もちろん、承認の貯金も作ることができない。でも、たとえ他者に興味がなくても、自分自身にさえ興味があれば、他者と会話をするはず。だって、話をすれば、ポジティブであれネガティブであれ、自分の言ったことに対してのフィードバックが返ってきますからね。自分に興味があれば、自分の話をしたくなるはず。それでも自分の話をしないのは、自分自身にも興味がないから」

　黙っていたドロレスが切り込んだ。

「おみごとじゃない。あなたたち、とってもいいチームね」

「そう、その言葉がまさにフィードバックです！　自分のことを話したくなるために必要なフィードバックであり、自分自身に興味を持ち続けるために重要なフィードバックでもあります」

　ついにインサイトをつかんだジョージ君は興奮気味。

「そういうことだとすると、自分のことをもっと知り、理解し、自分自身をもっと認めたい、自分で自分の承認の貯金をつくっていきたい、というニーズが世の中にある、と考えられるな。人ともっとうまくつながり、フィードバックを得ることで自分を理解していきたい、というニーズがある、とも考えられるな」

と、アートさんもどんどん鋭い意見を出していく。

「〝他者に興味がない〟から、〝自分自身に興味がない〟へは見事なリフレームね」

と、ドロレスも褒めてくれた。

やったわ！　ついに「リフレームされたインサイト」、すなわち「意外な真相」にたどり着いた。

統合とリフレームが同時に起こり、活気にあふれる「カモミール」の店内。リフレームの緑の玉が光り輝いているように見える。でも、ジョージ君を見ると、その表情は引きしまったまま。

そう、まだ何も終わっていない。このインサイトから具体的な「新しい価値」という答えを生まないといけない。でも、どうやって？　私たちは、まだまだもがき続けないといけない。

玉④「リフレーム」

メタがここまでを振り返ります。

まずは、「リフレーム」をしっかりと定義しておきましょう。新価値創造におけるリフレームとは、次のような意味です。

「ビジネスにおいてそれまで常識とされていた解釈やソリューションの枠組み（フレーム）を、新しい視点・発想で前向きに作り直すこと」

インサイトをリフレームする、ということは、起こっている物事のとらえ方を根本から変える、ということを意味しています。

例えば、天動説から地動説にとらえ方を変えるのは、リフレームです。「地球が宇宙の中心で、それ以外の天体はすべて地球の周りをまわっている」という天動説から、「太陽を中心にして地球はその周りをまわっている」という地動説に宇宙観を変える、というのは「コペルニクス的転回」と表現されるように、とても大きなリフレームです。

新価値を創造するときにも、このリフレームが欠かせません。このことを説明するためには、シャーロック・ホームズに再び登場してもらう必要があります。コナン・ドイルの小説の中で、ホームズの相棒ワトソンは「普通に考えれば、この

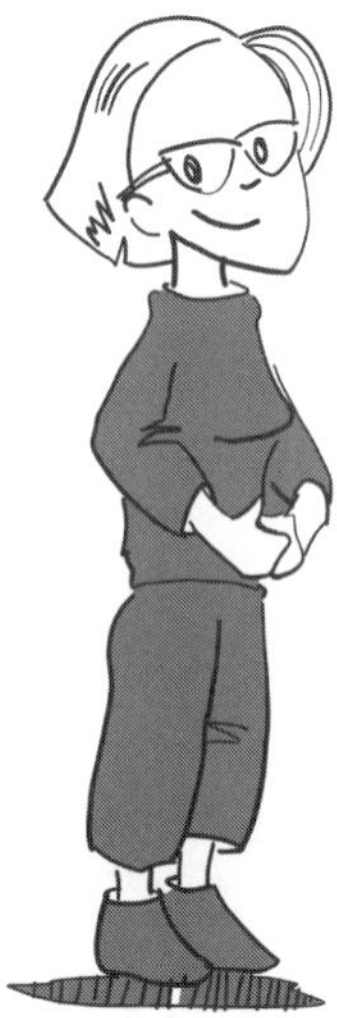

人が犯人だろう」と平凡な解釈をします。一方ホームズは、その推理の力で「違う、真犯人はこの人だ！」と意外な真相を導き出します。ワトソンの発想が「リニア（直線的）」であるのに対して、ホームズの発想はまさに「リフレーム」です。

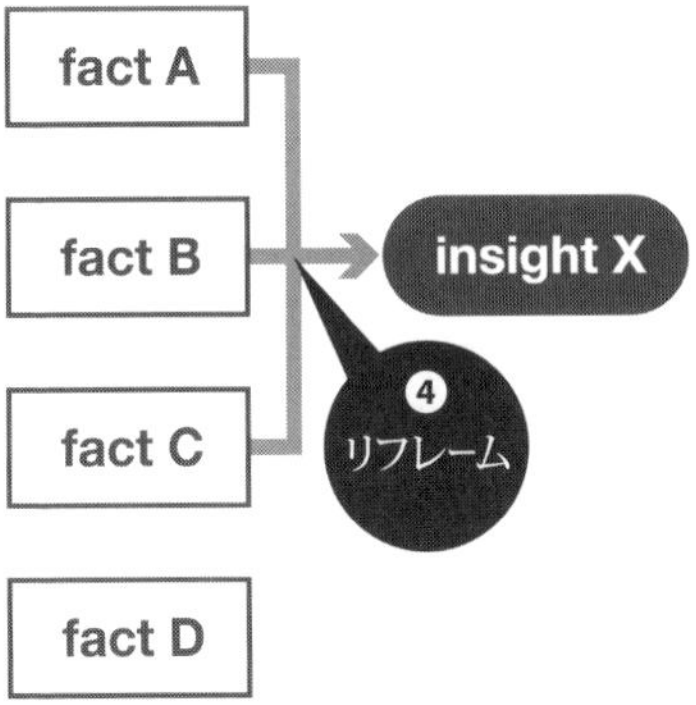

フォーサイト・クリエーションのプロセスで、非常に重要なのがこの「リフレーム」です。ホームズのように「意外な真相」、すなわち「リフレームされたインサイト」を導き出し、そのインサイトに基づいて「何をしていくのか」を考えなければなりません。ワトソンのリニアな解釈では、これまでと問題のとらえ方の枠組みが変わらないので、最適化や改善はできても、イノベーションにはつながりません。「人は他人への興味を失っている」という、リニアなインサイトをもとにして新価値を考えるよりも、「人は自分自身への興味を失っている」というリフレームされたインサイトをもとに価値を考えたほうが、より本質的な価値を発想することができます。

ここからは、ホームズの思考法を「リフレーム思考」と呼び、ワトソンの思考法を「リニア思考」と呼びたいと思います。

このリフレーム思考は、科学においてもとても重要です。科学のプロセスは、「仮説を立てる」と「仮説を検証する」の2つに大きく分けることができます。「仮説を検証する」ためには、データを膨大に取って統計的な分析をしなければなりません。一方、「仮説を立てる」ためには、ジョージ君がやったように「場」に足を運んで様々な事実を集め、個々の事実について深掘りしていくことで「意外な真相」をつきとめなければなりません。

新たな仮説、すなわちリフレームされたインサイトの質は、3つの側面で評価することができます。

①新規性：これまでの常識と異なるか？
②妥当性：確からしさは高そうか？
③汎用性：そのインサイトが適用できる範囲は広いか？

とりわけ重要なのは、①の新規性と、②の妥当性でしょう。新規性がなければ、その説は「誰もが常識的に思う」範囲内でしかなく、新しい発想ではありません。これは典型的な「リニア思考」です。また、風変わりな説を言い立てればそれでいい、というわけではありません。新たな仮説には、妥当性が求められます。

ホームズが意外な犯人を提示したときに、「あの人が犯人だと考えると、いろんな出来事の説明がつく」のであれば、その説は妥当性が高そうだと考えられます。それと同じで、その仮説でいろんな事実が説明できるかどうか、は重要なポイントです。

③の汎用性については、もちろんあったほうがいいに違いありません。特定の属性の人だけにあてはまるのではなく、もしすべての人に共通するインサイトであれば、その新しい価値は多くの人を幸せにするでしょう。しかし、価値観が多様化する中、汎用性はなかなか得られないと思われます。また、

最初は特定の人々に受け入れてもらい、その後に広い範囲の人たちに受け入れられていく新価値もありますので、最初の段階では汎用性を必ずしも追い求めなくてもよいと思います。

リニア思考とリフレーム思考は、何が違うのでしょうか?

学校の通常のテストには、正解があります。数学であっても国語であっても、誰もが同じひとつの答えに到達しようとし、早く正解にたどり着いた人が勝ちです。これを「受験の枠組み」としましょう。一方、新価値創造のように、そもそも正解のない問題については、正しい問いを見つければ勝ちです。正しい問いとは、「新たな仮説」のことです。これが「イノベーションの枠組み」です。

受験の枠組みは、まさにリニア思考です。「ひとつの答え」に「他の人より早く」たどり着くことが求められるときには、無駄なく直線的に答えに行きついたほうがいいです。一方、イノベーションの枠組みはリフレーム思考です。様々な推論を行って、本質がどこにあるかを新たに発想することが必要です。試行錯誤があっても、新規性のある妥当性の高い仮説を打ち立てられればいいのです。

受験の枠組みで勝つためには、どれだけ多くの解き方と知識が頭の中に入っているか、が重要になります。一方、イノベーションの枠組みでは、アブダクション、統合、リフレームなど、「玉」を実践できるかどうかが重要となります。つまり、リニア思考では、「正しさ（確実性、再現性、精度）」が一番重要です。しかも、最短距離で効率的に正解に到達する必要があります。一方リフレーム思考では、「画期的さ（新規性、意外性、妥当性）」が重視されます。本質がどこにあるのかを理解するためには、深掘りして熟考することが必要です。

リニア思考からリフレーム思考にシフトするためには、収束思考から発散思考に頭を切り替える必要があります。収束思考は、様々な事実をヒントにして「唯一の正解」にたどり着こうとする思考方法です。一方、発散思考とは、刺激をもとに発想を広げていこうとする思考方法です。

今回の知恵の言葉「ボケよ……」は、まさにこの発散思考のことを指しています。収束思考が「受験のテストでいい点を取るため」のアプローチだとすると、発散思考は「大喜利で提示されたお題に対してボケて、面白いことを言うため」のアプローチです。リフレームするためには、真面目な思考ではなく、真剣にボケる思考が必要なのです。

これまで、4つの玉について順に説明してきましたが、実際のところ、②アブダクションと③統合と④リフレームの3つは同時に起こります。つまり、様々な事実を集めて気づきを得て、そこから「リフレームされたインサイト」を導き出そうとするときに、この3つを同時に実践することになります。

それはまるで、医者の診断です。ホームズと同様、

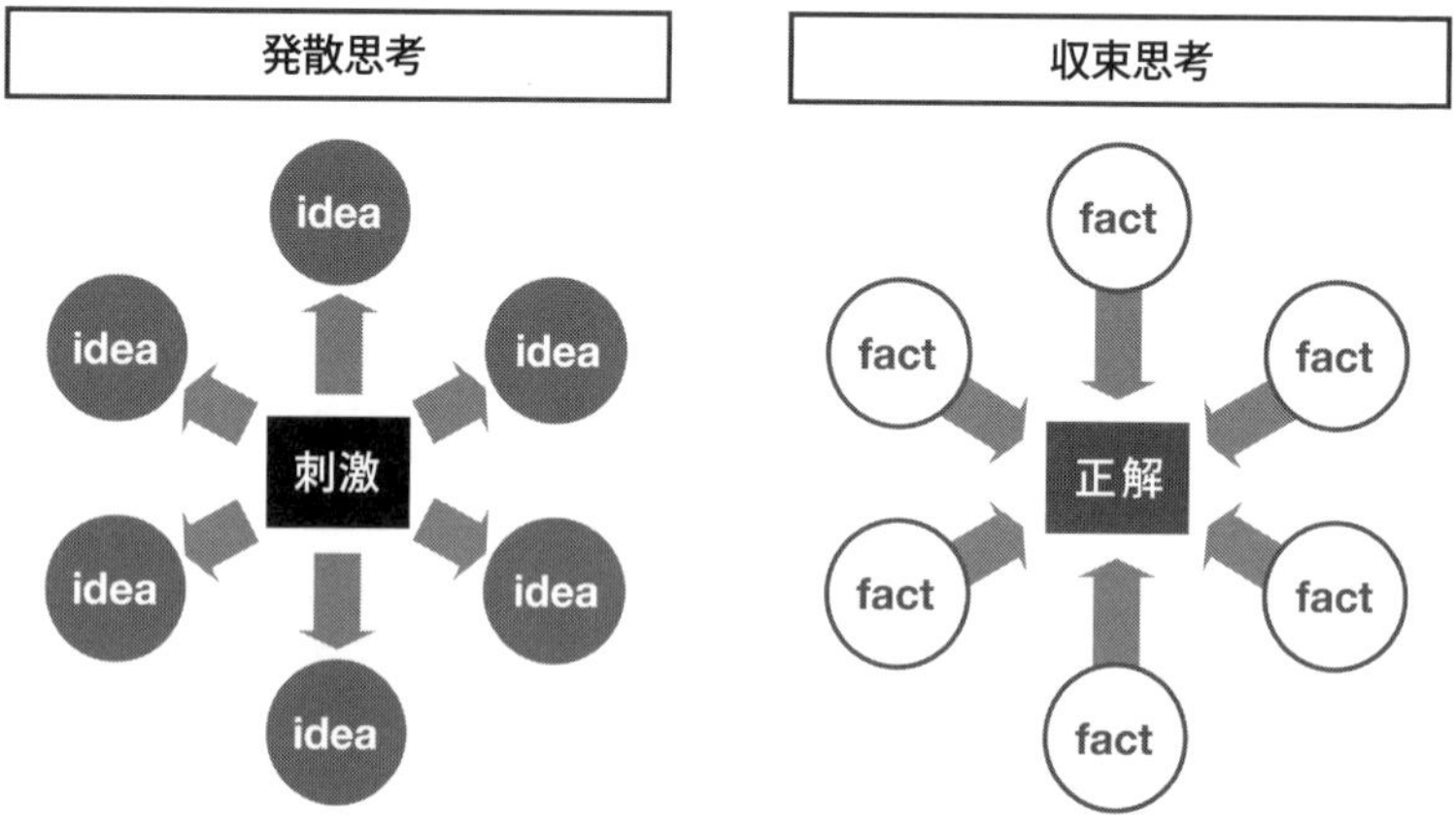

医者が患者を治そうとするときに、まずは事実を集めます。どういう症状を訴えているか、顔色はどうか、血液検査の結果はどうか、レントゲンの結果はどうか、などです。それらの事実から、豊富な医学的知識を駆使して「アブダクション」「統合」「リフレーム」することで、診断という名のインサイトを導き出します。ここでもアブダクションが駆使されるため、出てきた診断は「こういう病気ではないか?」という仮説であり、100%正しいとは限りません。そして、医者は「その診断が正しいとしたら」と仮定して、治療を始めます。そして、それで病状がよくならなければ、さらに検査をして事実を集めていきます。もし、診断という名のインサイトが「100%正しいかどうか」が確定しなければ治療に移ることができないのであれば、いつまでたっても医療行為をとることができません。アブダクションは、100%正しい結果となる演繹とは違うからです。

新価値創造も、基本的にはこの「診断」のプロセスと同じです。人の行動や世の中の動向など、まずは事実を集めます。そしてその事実から「アブダクション」「統合」「リフレーム」することで顧客についてのインサイトを導き出そうとします。それは例えば、顧客のニーズだったり、本質的な課題だったりします。

このとき、医者の「医学的知識」に該当するものは何でしょうか? 一般的には「心理学」を理解していると顧客インサイトを導き出すのに有効です。もちろん、それ以外にも、様々な引き出しを持っていることはとても役立ちます。

リニア思考とリフレーム思考を図で表現すると、次ページに示すようなものになります。

リニア思考では、誰もが気づいている事実から1対1対応で答えを出そうとします。

「お客さまからこういう意見が出たから、今後はこう対応しよう」といった形で、改善に役立ちます。

　一方、リフレーム思考では、皆が気づいていない事実も集めたうえで、複数の事実を統合し、リフレームされたインサイトを導き出します。そして、そのインサイトをもとにして、今後の展望であるフォーサイトを考えます。

　フォーサイトは、具体的な製品やサービスとして世の中に出ていきます。なので、競合する企業も、その中身を詳しく知ることができます。例えば、すごく売れているシャンプーがあれば、それを買ってきて、どういうパッケージ・デザインなのか、シャンプー液が何で出来ているか、を詳細に分析することが可能です。しかし、インサイト（なぜこのシャンプーが売れているのか、このシャンプーはどういう仮説に基づいて製品化されているのか）は水面下にあって競合他社には見えませ

リニア思考

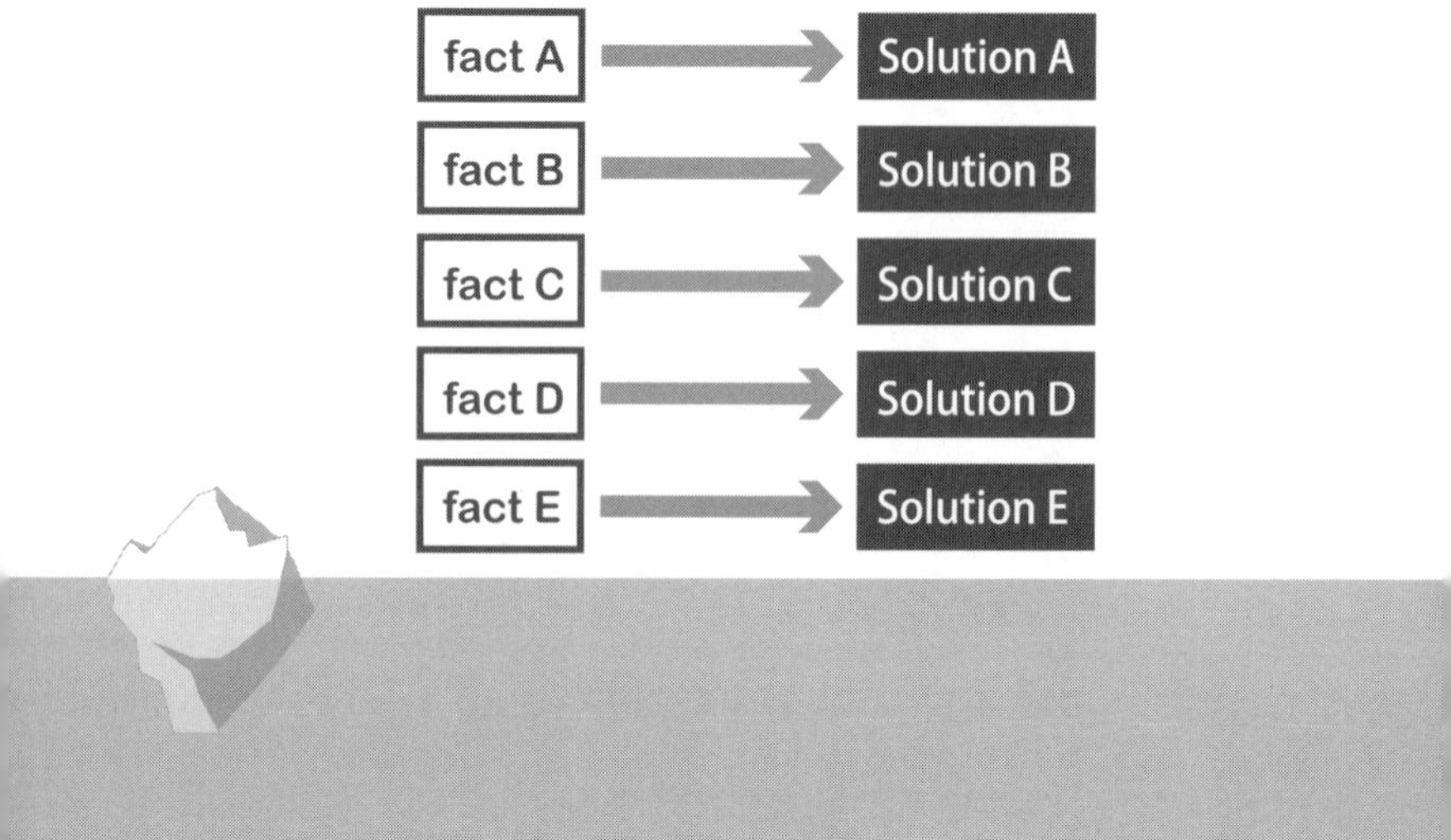

ん。どういうインサイトに基づいてその商品を開発したのかを自ら公表しない限り、その商品が「なぜ売れるのか」を他社は直接知ることはできません。つまり、競合他社は表面的な仕様を真似ることはできても、本質的なところは真似ができないのです。このように、インサイトはとても本質的で重要なものなのです。

また、「世の中の人たちは、実はこういう問題をかかえている、こういうニーズがある」というインサイトをしっかりと把握できれば、次の商品・サービス開発でも成功する可能性は高くなります。また、別のカテゴリの商品についても、インサイトをもとに開発することができます。

リフレームされたインサイトを得る、ということは、先の医者の治療にたとえると、「患者の本当の病気は何なのか」をつきとめることと同義です。つまり、リフレームされたインサイトをもとに価値を考える、というのは、患者の本

リフレーム思考

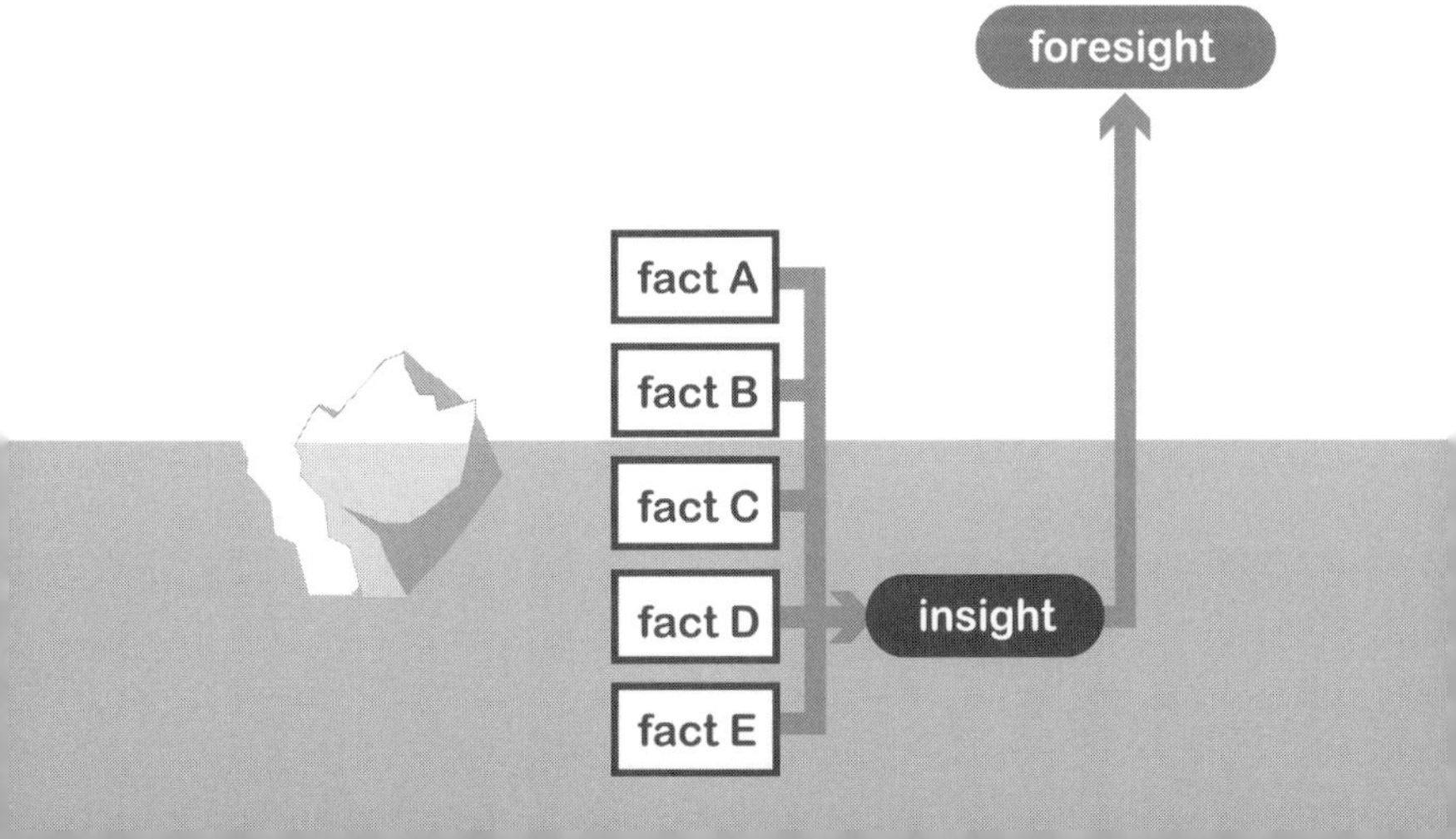

当の病気をつきとめたうえでそこに本質的な治療を施していく、ということと同じです。逆に言えば、リフレームされたインサイトがなく、リニア思考で対処していく、というのは、患者の個々の症状に対して、ペタペタとバンソウコウを貼っていくことと同じです。対症療法的に対応することは正しいですし重要ではありますが、一番重要なのはたとえ遠回りになろうとも本質的なことは何なのかをつきとめて、そこに手を打つことです。

なので、ジョージ君の「答えから考えずに、気づきから始めて洞察を得ようとする」という考え方はすごくいいアプローチだったのです。

フォーサイト・クリエーションにおいて、新価値創造を考えるために最も重要なのは、「リフレームされたインサイト」であると断言できます。「意外な真相」「隠れた真実」など、いろいろな言い方がされますが、これらはすべて「リフレームされたインサイト」と同義です。「正しい答え」を求めて、答えから考えたくなる気持ちは痛いほどわかりますが、ぜひ遠回りをしてでも「正しい問い」を探してくださいね。

最後に、アインシュタインの言葉を記しておきます。

If I had an hour to solve a problem and my life depended on the solution, I would spend the first 55 minutes determining the proper question to ask, for once I know the proper question, I could solve the problem in less than five minutes.

自分の命がかかった問題を60分で解かなければならないのなら……、
私は55分を問題を定義することに使い、残りの5分をその問題を解くことに使う。

アルベルト・アインシュタイン（1879-1955）　ドイツ出身の物理学者

第5章 仮説からどう新価値を生むのか？

茜《あかね》色の空。

　オフィスの窓の外にずっと向こうまで広がるビルや家々は、すべて同じ色に塗りこめられてしまったかのようだ。私たちは火星基地から外を眺めているのだろうか、という錯覚に陥りそうになる。オフィスは書類が擦れる音と、キーボードをたたく音しかしないほど、静まりかえっている。私たち3人は、活気をなくしていた。カフェ・バーの「カモミール」からオフィスに意気揚々と戻ってきた後に起こったことは、もう、思い出したくない。何があったのか？　単純だ。

　激しく怒られたのだ。昼休憩の時間を大幅に過ぎて戻ってきた私たちは、フリップ課長の逆鱗《げきりん》に触れた。

「どこで遊んでたんだ？　もっと真面目にやれ！」

　私たちはまるで〝棒で打たれ続けた檻の中にいる犬〟のようにぐったりとしていた。でも、走り続けるのを止め

るわけにはいかない。あの灰色の会議室が空いていたので、3人でそこに入る。
「俺たちは新価値を考えるのが仕事なんだから、少々社外にいようが、インサイトを得られたらそれでいいじゃないか」

とアートさんは言う。確かにそうかもしれない。

インサイトは得た。インサイトをもとに、「新しい価値」を具体化するときがついに来た。ずいぶん回り道をした、と見る人もいるだろう。でも、私たち3人からすれば、一番本質的な方法でやってきたのだ。さっそく3人で答えを考える。具体的に、どういう製品、どういうサービスをつくろうか？　私たち3人にとっては、初めての挑戦になる。

「インサイトをもとに、さっそく具体的な提供価値やその形を考えてみようぜ。俺たちが提供したい新しい価値は何だろう？」

「自分に興味を持ち、自分自身を理解することで、いろんな人たちに元気を取り戻してほしい、でどうでしょうか？」

「おっ、それいいね。この価値を、既存のモノやサービスより、より多く提供できればいいんじゃないか？」

とアートさんが応じる。

「なるほど、それでやってみましょう。既にある〝元気を取り戻す〟モノやサービスって何があるでしょうか？」

とジョージ君。

「こういうときは、2軸で考えるとわかりやすいんだぜ」

アートさんはすくっと立ち上がると、ペンでホワイトボードになにやら書き始めた。

「横軸が、〝元気を取り戻す〟という俺たちが提供したい価値で、縦軸が〝そのサービスやモノが高価か安価か〟だ。既存のサービスとかモノは、この2軸のどのあたりに位置するか、考えてみようぜ」

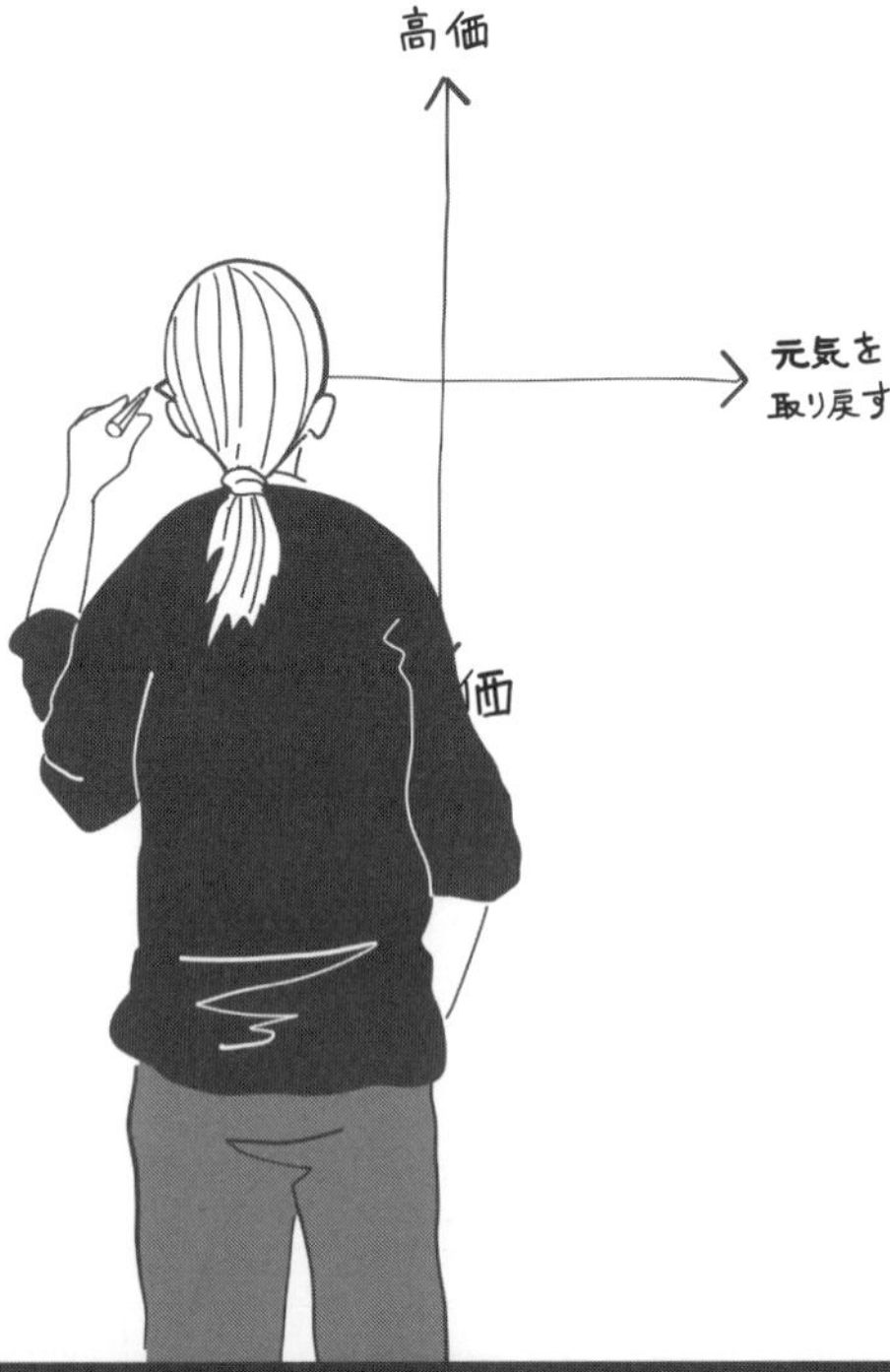

「私、マッサージに行くのがすごく好き。元気にはなるけど値段はまあまあするから、マッサージは右上のところに位置する、って感じでいいのかしら？」

「そういうことさ。ジョージは何かないかい？」

「僕の場合、元気になりたいときは映画を観たり、本を読んだりします。そうそう、美味しいものを食べたりもしますね」

「それある！　私も本を読んでると、自分を取り戻す感じがするの。でもマッサージよりは安いから、右上の真ん中ぐらいに位置するのかしら」

「メタちゃん、その調子さ。俺なら、手っ取り早く済ます方法として、カフェに入ってコーヒー飲んで一服するね。時間がないときには自販機で飲み物を買って飲むね。それだけでも気分が変わるぜ」

「そう考えれば、スナックを食べたり、甘いジュースを飲むのも、同じかもしれない。もちろん、それで〝元気になる〟かどうかはわからないけど。こういうのはあまりやりすぎると、〝長期的な元気〟という意味では逆効果ですよね」

　と言いながら、ジョージ君がこの2軸にどんどん書き込んでいく。

「そうなると、横軸の左側はどういう意味になるのかを考えておく必要があると思うわ」

「そのとおりだな。何かいいのはあるかい、ジョージ？」

「右側は、自分が自分に向き合うための気持ちの余裕や時間をつくりだす感じだけど、左側はただただストレスから逃避して気持ちを紛らわせている感じがします。だから、〝気は紛れるが、元気につながりにくい〟でどうでしょう?」

「それ、採用だ!」

「私の友人で、高級なバッグや服を買い込んでる人がいるわ。そうそう、あまりにストレスがひどくなったので、クルマを買っちゃった、という人もいるわよ。これって、この2軸だと左上に該当するんじゃない?」

　という私の話に、相槌《あいづち》をうちながらアートさんが言う。

「そうだな。そういった行動は、どこかで〝元気になりたい〟という思いが背景にあるんだろうけど、効果が長続きするとは思えないな」

　というわけで、たぶんに偏見も入ってそうで、検証しないといけない部分が多々あるとも思いつつ、2軸の図が出来上がった。

　2軸の図を見ていて、一つ気づいたことがあった。

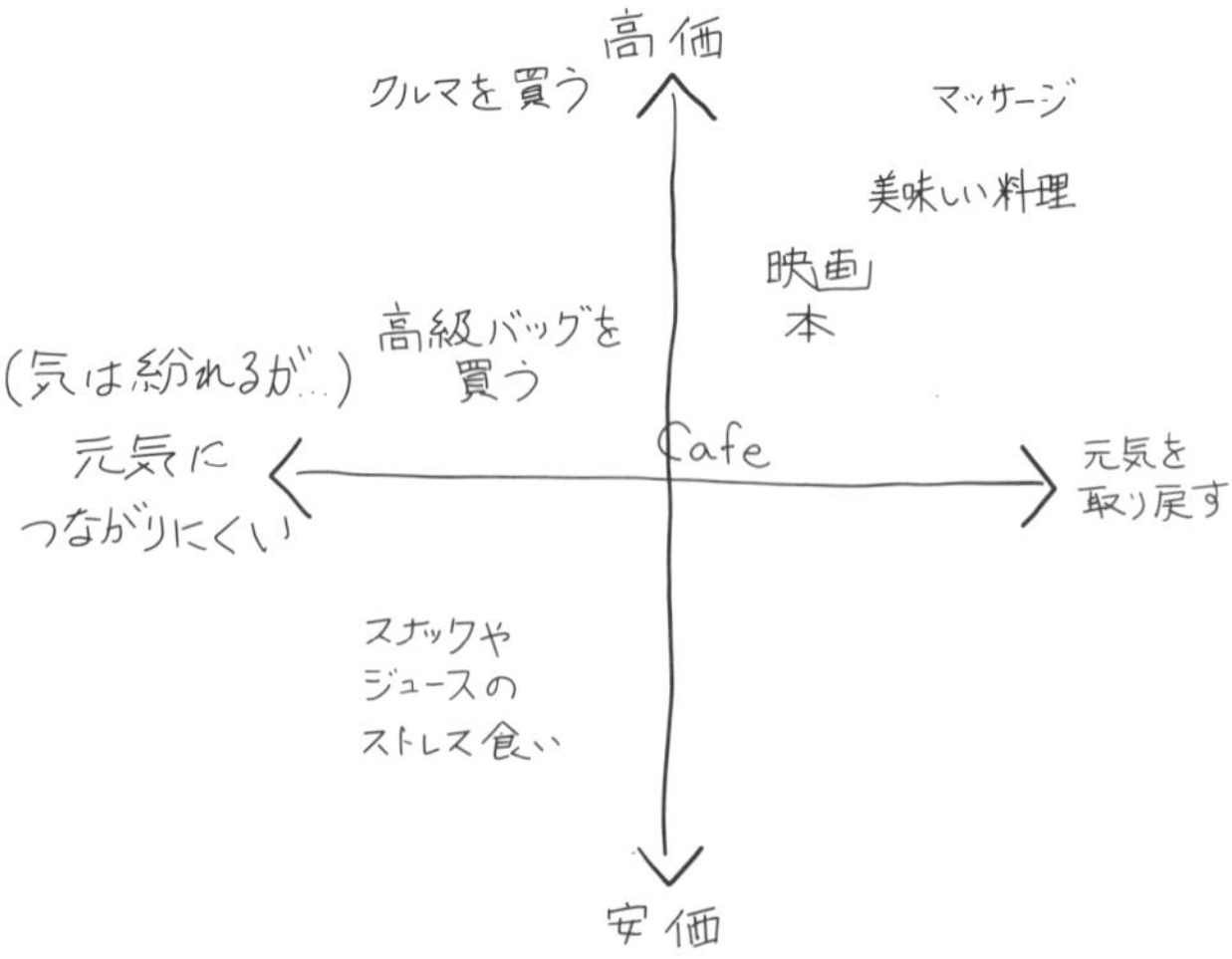

「この2軸、右下が空いてるわね」

我が意を得たり、とばかりにアートさんが言う。

「そう、それがこの図を描いた目的さ。俺たちは右下にあたるサービスやモノを考えればいいのさ。だって、そこに入るものが世の中にない、ってことなんだから」

なるほど！　と私はとっても納得した。だけど、ジョージ君は釈然としない顔をしてる。

「じゃ、この右下に入ることを考えてみよう。ボケていこうぜ！」

ジョージ君が納得していなさそうなのに気づかないのか、アートさんは元気よくそう言う。

まあ、とにかくやってみればいいじゃない、と私は思った。

「栄養ドリンク！」

とアートさんが言う。うーん、確かに元気になるけど、これも短期的じゃないかな？

「お風呂に入る！」

と私が言う。多分誰もが、お風呂に入るとリラックスして、自分を取り戻せる。

「友人と雑談！」

と、また私が言う。心を許した友人と話すと、元気をもらえるはず。

「コミュニティを作る！」

とアートさん。コミュニティの中にいると、確かに安心する。でも、コミュニティを作るのは安いといえるんだろうか？　どうなんだろう？

私たちの〝灰色の部屋〟での検討は、何時間も続いた。発想を出し合い、お互いに「面白い！」「あるある！」とフィードバックしていたのだけれど、ジョージ君はなにやら考え込んでいる。

アートさんと私がジョージ君に目を向けると、彼はおもむろに話し始めた。

「すごくいい感じです。2軸で考える、という枠組みがわかりやすいですし、いろんな発想が生まれてきます。でも、何かが足りないと思うんです。何が足りないのか、自分でもわからないんですけれど」

「この発想方法、なかなかいいやり方だぜ。俺が知ってるぐらいだから、あちこちで使われてる手法だと思う」

「それはよくわかります。しばらくやってみて、この方法のよさは実感しました。ただ、リフレームされたインサイトのよさがあまり生きていない感じがします」

そんなものなのかな？　苦笑しながらアートさんが言う。

「耳の痛い話だけど、ジョージ、お前の言いたいことはわかるよ。せっかくリフレームして視点が広がったのに、わざわざこれまでの枠組みに戻って視点を狭めて議論しているように感じるってことだろ？」

「アートさん、申し訳ありません。その通りです」

窓から外を見ると、世界はすっかり墨色に変わっていた。

「よし、今から『カモミール』に行こうぜ」

その言葉を、みんな待っていたのだと思う。またドロレスに会えると思うと、わくわくする。

会社を出て少し歩くと、「カモミール」の入ったビルが見えてきた。あのお店、夜はどんな感じなんだろう。3人で中に入ると、ドロレスが迎えてくれた。ドロレスの明るさと対照的に、お店はがらんとしている。お客さんは誰もいない。

「おや、いいチームの3人組ね。いらっしゃい。アート、何だかちょっとお疲れのようね。なにか悩んでるんじゃないの？」

「このトリオでもなかなか解決できないことがあるのさ。それより、ドロレスこそ、体は大丈夫なのかい？」

体？　ドロレスは健康そのものに見えるけど、どこか悪いのだろうか？

「先月はお店を開けられない日が何日かあったけど、今月は大丈夫よ」

そうか、これだけいいお店なのに、お客さんが少ないのはドロレスの体調の問題で不定期に休んじゃうからなんだ。

「さあ、素晴らしいトリオのみなさん、何を飲む？　お任せでいいなら、料理も作るわよ」

「やった！　お腹がぺこぺこなんですよ」

と喜ぶジョージ君。私はビールを、ジョージ君はカシスオレンジを、アートさんはウィスキーのロックをダブルで頼んだ。ドロレスが出してくれた料理は、どれも不思議なものばかりだったが、すべて美味しかった。食材の組み合わせが独特だ。何という料理なのかを尋ねたが、特に名前はないらしい。

このお店にいると、なんだかとても安心する。リラックスしすぎるぐらいだ。マッサージに行くと、私はいつも気持ちがぼうっとしてきて癒やされるのだが、ここではドリンクを飲んで座っているだけで、同じ気持ちになる。いや、それ以上の何かがこの〝場〟にはある。

食事が一段落して落ち着くと、お店に静かな音楽が流れていることに気がついた。いや、これは音楽と呼んでいいんだろうか？　ゆったりとした音のいくつかが、少しずつ変化しながら、お店の中を漂っている。私はドロレスに夢中なので、カウンター越しに話をしたり、彼女が働いているのを眺めたりしている。

ジョージ君が店の中をうろうろして、置かれているものを見ていたと思ったら、

「あ、こんなところにオルガンがある。懐かしいなあ」

と言い出した。見ると、昔学校にあったようなオルガンだ。ジョージ君、少しは弾けるらしい。

「ジョージ、楽器ができるのかい？　じゃ、弾いてくれよ」

アートさんに促されて、ジョージ君が鍵盤を押さえはじめる。久しぶりなのか、指づかいを思い出しながら、といった感じだ。

「今日は他にお客さんがいないから、アート、あなたも得意のあれを弾いてよ」

とドロレスが言う。アートさんの得意な楽器って何なんだろう？

「ギターはないけど、ウクレレならあるわよ」

それから、ジョージ君とアートさんによる演奏が始まった。でも、これは演奏と言えるんだろうか？　即興演奏といえばそれまでだけど、お互いにさぐりあっている感じだ。息を合わせる

ための不思議な演奏がしばらく続いた後、ある同じフレーズを延々と2人は繰り返し始めた。お互いにとって心地いいメロディーの断片を見つけ出したんだろう。

その延々と続くリフレインを聴いていると、私はぼうっとしはじめた。副交感神経優位って、こういうことを言うのかな。〝寝ている〟と〝起きている〟の中間、といった感覚だ。

そして、また例のことが起きた。2人が消えたのだ。

「君たちに必要な知恵をさずけよう」

「今回はどういう言葉なんだろう……」

「異質なものを結びつけて、新たな軸を創れ……。
……そのために、既に渡してある玉を再び使え」

第5章　仮説からどう新価値を生むのか？

「僕たちに玉をさずけてくれていたのは、あの怪物だったんだ」

「俺にとっては不思議な存在だけど、正体は怪物じゃなくて、神のような存在なんじゃないか？」

「既に渡してある玉って、どれでしょうね？　着観力？　アブダクション？　統合？　それともリフレーム？」

2人で話し合っていると、また扉が口を開いた。

「おふたりそろって、ようこそ。今回は、あることを成し遂げてほしい」

「何を成し遂げればいいんだ？」

「この本のうしろにあるページを使って、ある動物をこの本の裏表紙上に立ち上がらせるんだ。そのページを外して切って折り紙をすればいい」

「動物？　何の動物を立ち上がらせるんだろう？」

「この本って、ひょっとして読者が読んでるこの本のことなのか？」

「そのようです。確かに、うしろの見返しのページを外してみたら、その裏に切り方と折り方が描いてあります」

「俺にやらせろ！」

「これはペンギンじゃないですか？　カバーを外して本の裏表紙にこれを立たせるみたいです」

「十字架の上に立つペンギンってところかな。これでどうだ！」

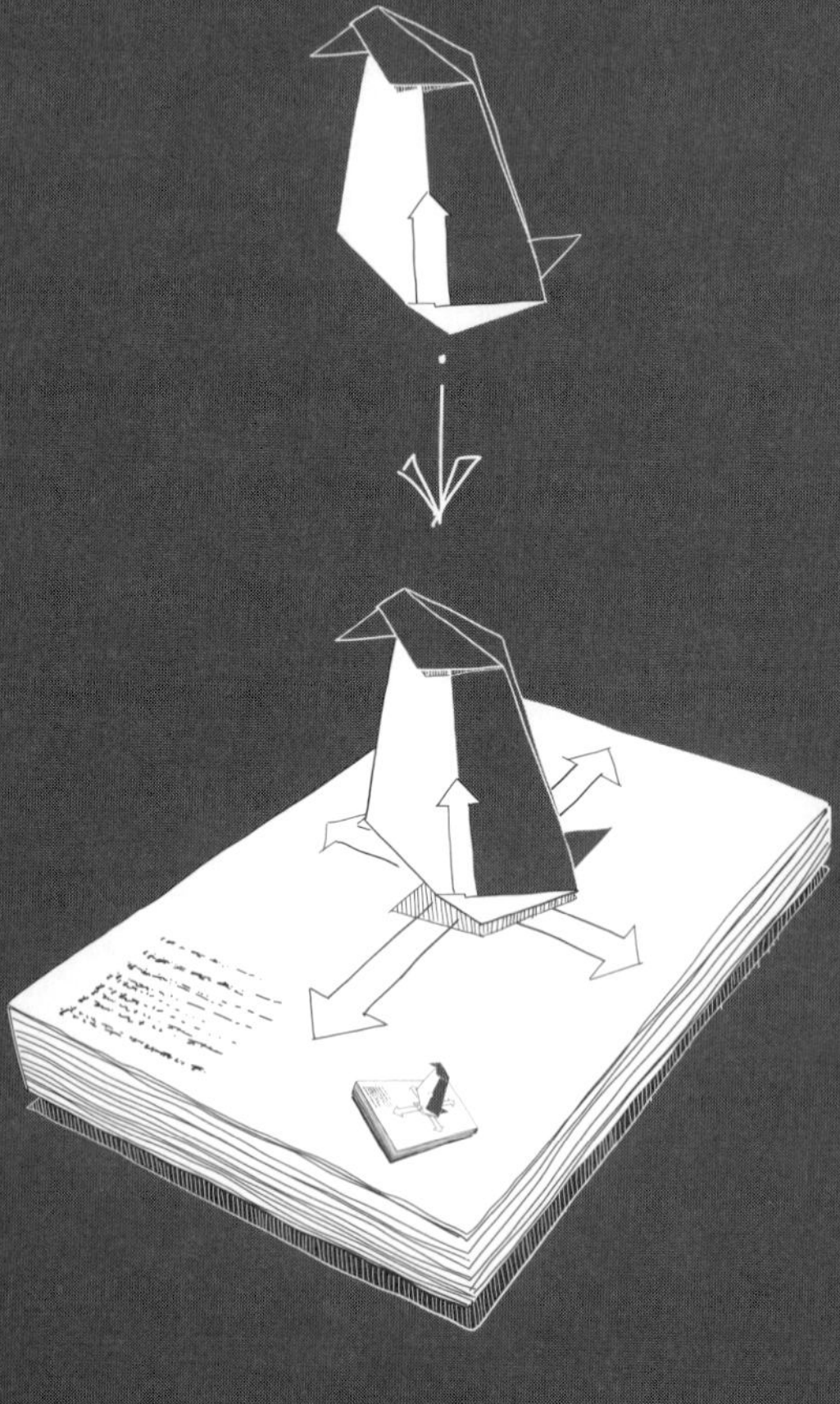

「出られた！　でも今回は玉がないですね。そうか、既に渡してある玉を使って、と怪物が言ってましたね。再び使うのは、どの玉とどの玉なんでしょう？」

ジョージ君とアートさんが戻ってきた。もうこれで何回目だろうか。ジョージ君が最初に〝不思議な世界〟に行ったのは、「散歩しているとき」だった。次は確か「シャワーを浴びているとき」だ。その次は「水槽の中の魚を見ているとき」。前回は「暖炉を眺めているとき」。そして今回が「楽器を演奏しているとき」。何かパターンがあるのかもしれない。

そういえば、シャーロック・ホームズは小説の中で、バイオリンを演奏しながら思索をしていたっけ。

ジョージ君は、戻ってくるとまっすぐに自分のカバンのところに走っていった。カバンの中には、4つの玉がケースに入れられて大事に保管されている。ジョージ君は4つの玉を取り出した。

あれっ？　青と緑の2つの玉が光ってるようだけど、どういうことなんだろう？

玉をよく見ると、刻まれている文字の下に、8つ丸があるのが見える。玉は全部で8つある、ということなんだろうか？　今4つあるから、あとさらに4つある、ということ？

「統合とリフレームのことだったんだ……」

光っている2つの玉を前に、そうひとりごちてい

るジョージ君に、私は問いかける。

「今回さずかった知恵は何だったの？」

「〝異質なものを結びつけて、新たな軸を創れ。そのために、既に渡してある玉を再び使え〟でした」

「その〝既に渡してある玉〟が、統合とリフレームなのね？」

「そのようです。統合とリフレームは、インサイトを出すためだけじゃなくて、どういうフォーサイトを描くか、具体的に何をしていくのか、というときにも重要なこと、ということなんでしょう」

　アートさんが、にっこりしながら言う。

「俺たちが作ったペンギンの謎が意味するところはすごくわかりやすいじゃないか。ペンギンの足下にあった十字は、俺たちが検討していた2軸のことだろう」

「なるほど、では、あのペンギンはどういう意味なんでしょう？」

「ジョージ、単純さ。もらった知恵の言葉を思い出せよ。新たな軸を創れ、だっただろう？」

「そうか、2軸で考えるだけじゃなくて、3つ目の軸を生み出せ、ということですね」

「そういうことだ。俺たちも、最初は1つの軸だけで考えてたよな。〝元気を取り戻す〟という軸をさらに伸ばす、そういう発想で考えたじゃないか。で、その考え

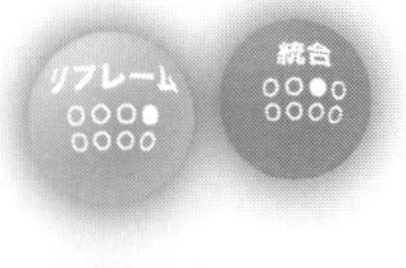

方をベースにして高価・安価という一般的な考え方を加えることで、軸を2つにして、4象限《しょうげん》でものを考えた。もちろん、どれも間違っちゃいないけど、〝新しい価値を生み出す〟ときには、3つ目の軸を生み出さないといけない、ということなんじゃないか？　そう考えると、納得できないかい？」

「そうね、新しい価値を生む、というのは、これまでの x 軸とも y 軸とも違う、新たな z 軸を生む、ということでもあるわね」

ずっと静かに聞いていたドロレスが話し始めた。

「新しい軸を創る、というところでペンギンが出てきたことはとても象徴的ね。それはみなさんに〝最初のペンギン〟になれ、という意味じゃないかしら。海に浮かぶ氷山の上に、多くのペンギンが群れているところを想像してみてね。最初の一羽が飛び込まないと、いつまでたってもどのペンギンも海に飛び込まないものなの。最初に飛び込むペンギンになるのには勇敢さが必要よ。だって、海の中にはシャチが待ち構えているかもしれない。群れのほとんどはリスクを気にして飛び込まないけれど、それではいつまでたってもエサの魚は得られないの。あなたたちは、まさにこの〝勇敢な最初のペンギン〟にならないといけないのよ」

うん、私たちは〝最初のペンギン〟なんだ。

ドロレスが続ける。

「飛行機のエンジンを製造していたメーカーが、自分たちをサービス業だと再定義して、リース・

メンテナンス業を主たる業務とするのは、〝製造業〟という軸から〝サービス業〟という新しい軸へのリフレームね。グラフィックが美しいゲームから、家族みんなで遊べるゲームへのリフレームとか、新しい価値軸を創った例はたくさんあるわよ」

ドロレス、この人やっぱり只者じゃない。以前は何をしていた人なんだろう？

「古い話になるけど、音楽は家でレコードをかけて聴くものだったのよ。その時の横軸、つまり価値軸は〝いい音かどうか〟だったの。でも、持ち歩けるカセットプレイヤーが出たことで、〝外で音楽を楽しむ〟という新しい軸が生まれたわけ」

ドロレスの話を聞いて、ジョージ君もペンと紙を取り出して何か書いている。

「図にすると、こういうことでしょうか」

「そう、ここでものすごく興味深いことがあるのよ。アート、〝音がいい〟っていうのは、今でも大事な価値軸よね？」

「もちろんさ、もっと音のいいオーディオがあったら、俺は少々高くてもお金を出すさ」

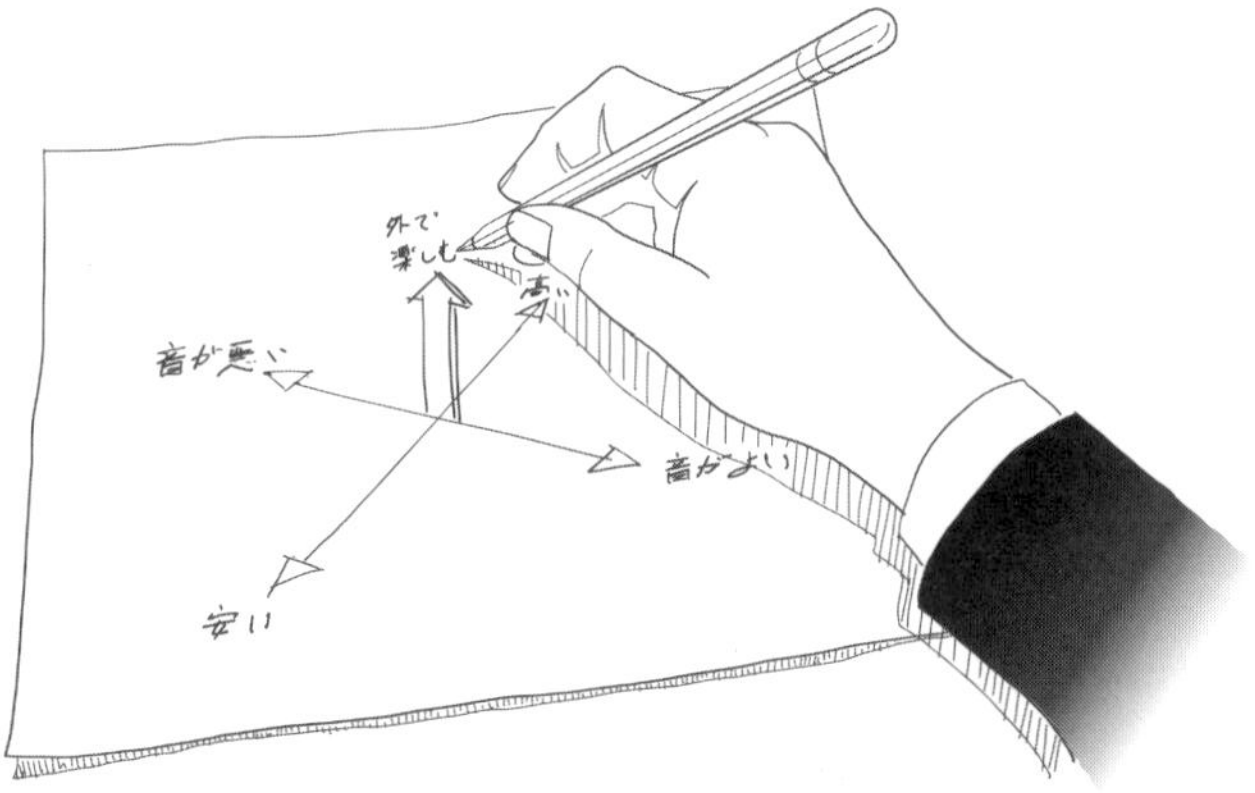

「あなたは音楽大好きだもんね。でも〝家で聴く大きなスピーカーの音〟と、〝屋外で聴くカセットプレイヤーの音〟、どちらが音がいい？」

「そりゃ家で聴いたほうが音がいいだろう。当たり前じゃないか」

「そこが重要な点なのよ」

「そういうことか！」

とジョージ君が目を見開いて言った。

「新しい価値って、新しい軸を創ることなんですけど、それまでの価値軸ではレベルが下がるものなんですね。つまり、従来の〝音がいい〟という価値軸で考えると、屋外で聴くカセットプレイヤーは音が劣るので価値が下がってしまいます。そうであっても、〝外で音楽を楽しむ〟という、それまでになかった新しい価値軸を打ち立てて、その軸で高い価値を提供する、というのがイノベーションなんですね」

「そのとおりよ。イノベーションは、従来の価値軸での100点を120点にすることじゃなくて、従来の価値軸では100点から80点に下がるけれども、別の新しい価値軸を生み出して、そこで100点を狙う、ということなのよ」

ドロレスは、さらに興味深い話をする。

「新しい価値の創造に取り組むのなら、リニア思考からリフレーム思考への移行が必要ね。リニア思考というのは、線形なものの考え方のこと。今回の話で言うと、従来からの横軸でさらに右側に行こう、という発想のことね。例えば、相撲というスポーツの枠組みがあって、その中で

〝さらに強い相撲取りになろう〟というのがリニアな考え方。もちろん、これはこれでとても重要なことよ。

一方、リフレーム思考というのは、今回の話で言うと、それまでの横軸とは違う、全く新しい縦軸を創ってしまおう、という考え方のこと。相撲の枠組みそのものを変えてしまって、新しいスポーツを創ってしまう、というのがフォーサイトのリフレームなの。

そう考えると、〝もっと速く走れるクルマをつくろう〟というのはリニア思考で、〝自動運転の時代にしよう〟というのはリフレーム思考ね。ビジネスの土俵そのものが変わってしまうと、それまでの強みにあまり意味がなくなってしまうこともあるの。相撲取りとしてすごく強くても、新しいスポーツでは強くなくなってしまうかもしれない。もし自動運転の時代になったら、〝速く走れる〟という従来の枠組みでの強みはあまり意味がなくなってしまうかもしれない」

カウンターの中でグラスを磨きながら、すらすらと話すドロレス。どうしてこんなに含蓄のある話が次から次へと出てくるんだろう。

この話を聞いて、私たち3人の中に、リフレームが起こった。それは〝従来の価値軸をさらに伸ばす〟から〝別の新しい価値軸を創る〟へのリフレームだ。

「じゃあ、俺たちの〝新しい価値軸〟って一体何なんだろう？」

そういうアートさんに、私はすぐさま答える。

「そんなの簡単じゃない」

「え、メタちゃん、なんだい？　教えてくれよ」

リニア思考からの脱却

「それまでの発想の枠組み」から脱出するためのよい方法は、空間的・時間的に距離を取ることである。散歩する、シャワーを浴びる、音楽を聴くなどの行動を取ると、よい距離を取ることができ、リラックスした状態で無意識が思考し続ける。スティーブ・ジョブズが散歩しながら考え事をしたのは有名な話である。

「〝自分に興味を持ち、自分を理解し、自分を承認する〟という軸よ」

自信満々の私に、ジョージ君が言う。

「ここは重要なところだから、他にもないか、考えてみませんか。僕たちが行きついたインサイトに立ち戻るべきだと思います」

私たちは、以前に自分たちで得たインサイトを振り返って、もう一度議論を深めることにした。ジョージ君が話し出す。

「こういうことでしたよね。まず、世の中で、人に対してのフィードバックが減ってきている。ポジティブなフィードバックも、ネガティブなフィードバックも。だから、承認の貯金が個人の中にたまっていかないし、自分のことが自分でわからなくなってしまう。で、ついには自分自身への興味さえ失ってしまう。うーん、自分で言ってて、恐ろしさを感じます」

「その後のほうが怖いんじゃない？　それによって引き起こされることがさ」

とアートさん。

「承認の貯金がないと、自分自身を信じて行動することが難しくなるから、なにかと防御的になってしまって新しいことにチャレンジしないだろうし、自分自身を正しく把握することも難しくなるわね」

と言って、私も自分でどきっとした。自分にも当てはまるところがある、と気づいたからだ。

「〝自分を取り戻す〟という言い方があります。でも、自分で自分のことがわからないと、その取り戻すべき自分が何かなのさえわからなくなってしまう。そうなると打たれ弱くなりますね。周りを気にしすぎて、結局のところ、元気がなくなってしまいます」

とジョージ君が悟りきったかのように言う。うん、これは深い。薄気味悪いけれどこれが本質だろうと思う。

「だけど、新しい軸はメタちゃんの言った軸だけとは限らないと思うぜ。他にも、〝フィードバックを増やす〟という軸もありうるし、〝取り戻すべき自分を明確にする〟という軸だって有効だぜ」

アートさんの言葉にうなずきながら、ジョージ君が言う。

「僕も新しい軸には検討の余地があると思います。ただ、インサイトは明確ですから、もうあまりぶれないでしょう。そうそう、もう一つの玉の〝統合〟は、ここでどう使うんでしょう？」

新しい価値は統合で生まれるのかしら？　わからないわ。

「ヨーゼフ・シュンペーターね」

ドロレスがまた突然話し出す。後片づけを終えて、どっしりと椅子にこしかけて手を拭いている。この人、どれだけ引き出しがあるんだろう？

「ルネッサンスの3大発明って、聞いたことがあるでしょう？　火薬と羅針盤、そして活版印刷技術よ。活版印刷技術を発明したグーテンベルクが苦労していたのは、〝活版に紙を均等に押し付ける〟ことだったの。出版界ではプレスっていう表現があるでしょ？　その語源よ。この〝紙を均等に押し付ける〟をどうやって実現したか知ってる？　印刷とは全く関係のないワイン造りからヒントを得たのよ。ワイン造りで使うブドウの圧搾機《あっさくき》を見て、これを応用できる、と。シュンペーターという経済学者の言うイノベーションも同じよ。これまで組み合わさってこなかったものの新しい結合こそがイノベーションなのよ」

「ということは、価値を具体化するときにも、統合が重要だってことだな。何をどう実現しようか、を部屋にこもって真面目に考えてるだけではリニアな答えしか出てこないから、外に出て行って異質なものを見つけ出して、組み合わせる必要があるってことなんだろ、ドロレス？」

「その通りよ。これもまたお笑いと同じよ。ボケとツッコミという異質な2人が交わるから笑いという価値が生まれる。これはイノベーションも同じなのよ」

私は、ドロレスの言うイノベーションと同じものをついさっきこの眼で見たように思う。なんだったっけ？　そうだ！　ドロレスの料理だ。変わった食材の組み合わせだ、とはじめは思ったけど、食べてみるととても美味しかった。

「ドロレス！　さっきの料理も、統合によるイノベーションよね？」

「そう。私の料理だけじゃないわ。すべての料理は〝異質なものの組み合わせで新しい価値を生むイノベーション〟だと言えるわよ。例えば、おスシは魚と米の統合。さらにはお酢、醤油、わさびも統合されているわ。ハンバーガーは肉とパンの統合。サラダは野菜とドレッシングの統合。ね、そうなってるでしょう？」

ジョージ君を見ると、小さなメモ帳を取り出して、どんどん書き込んでいる。すごい枚数だ。

「ジョージ君、何をしているの？」

「価値創造のための統合をさっそくやってみようと思って」

そう言いながら、ジョージ君は、書き上げた何枚ものメモを、近くにあった紙袋にほうりこんだ。

「まずは〝フィードバックを増やす〟というお題でやってみましょう」

さすがのアートさんも、ジョージ君の言ってることがよくわからないみたい。

「いったい、何をどうしようって言うんだい？」

「この紙袋から、メモを1枚引いてみてください。どれでもいいですから」

「こうかい？」

とアートさんが取り出したメモには、「傘」と書かれていた。

「傘？　このメモをどうするんだい？」

「お題と統合してみるんです。〝フィードバックを増やす〟と〝傘〟は異質なものですよね？　この2つを組み合わせると、どんな価値が生まれるだろう、と考えてみるんです」

「面白いことを思いつくわねえ。まるで大喜利ね」

とドロレスに褒めてもらって嬉しそうなジョージ君。

しばらくの間、私たち3人はこの即席ゲームに夢中になった。

メモにはいろんなことが書かれていて、組み合わせて発想してみるだけでとても盛り上がった。ここでも「ボケる」ことが重要だった。いろんな案が出たが、残念ながら〝これだ！〟という案は出てこなかった。それはそうだろう。異質なものの組み合わせは無限にある。小一時間ほどじゃ、とてもじゃないけどやりつくせない。

　ジョージ君が、今日はそろそろ切り上げようと言い出した。

「これぐらいにしておきませんか？　いくらでも組み合わせができますから、次回からはコンピュータが必要ですね。そうだ、ソフトを作ってコンピュータにやってもらったらどうでしょう？」

　アートさんが即座に言い放った。

「そりゃ無理だね」

「組み合わせることそのものは単純な作業だから、手順化すればコンピュータにいくらでもやらせることはできる。だけど、それが価値を生む組み合わせなのかどうか、という評価は人間にしかできないぜ」

　真正面からの反論だったけど、ジョージ君は素直に受け入れた。

「そうですね、アートさんの言うとおりです。確かに個別の組み合わせに価値があるかどうかはコンピュータにはわからない。やっぱり、僕たち自身で引き続きやっていきましょう」

　ジョージ君がアートさんから学び、アートさんはジョージ君から学ぶ、２人はすごくいいコンビになってる。

　アートさんが、まとめるかのように言った。

「このゲームから学んだことがあるぜ。メモの言葉が、お題と意味が近いときにはどうしても発想がリニアになりがちだった。だから、なるべくお題と遠いことと統合したほうが面白い発想が生まれやすいんじゃないか？　ボケ担当とツッコミ担当がなるべく違うキャラのほうがいいってことと同じかな。じゃ、何と組み合わせるといいのか、明日から各自で考えようぜ」

それから3人は、日々の生活においても、〝私たちの提供したい価値〟と組み合わせると面白いものが何かないか、を探し続けた。そして、3人がそれぞれ面白い組み合わせを見出して、具体的な価値を考えてきたので、報告しあうことにした。いつもの灰色の会議室に集まった3人は、みんな自分の案を早く紹介したくてうずうずしている。

まずはアートさんの案。

「週末に母校に行って、部活の後輩たちに会うことがあってさ。俺、テニス部だったんだよ。で、高校生たちと話をしていたら、あいつら懐かしいもの持っててさ。消しゴムだよ。社会人になってからあまり持ち歩かなくなってしまったんだけど、久しぶりに使ってみたら、これがよく消えるんだよ。リーズナブルな値段なんだけど、使い心地がよくて上品に消える、って素晴らしいな、と思って。だから、俺は〝消しゴム〟と組み合わせてみることにしたんだ。それと、高校生たち同士の会話を注意深く観察してみたんだけど、ツッコんだ話はちっともしないんだ。例えば、つきあっている彼氏彼女の話なんてしないし、意見を戦わせるなんてとんでもない。せいぜい、共通の趣味の話題ぐらいさ。そんな感じで、俺からすれば、うわっつらの話しかしないんだ。まさに深いところにフィードバックがかからない世界さ。で、俺が統合したのは、〝つながることでフィードバックを増やす〟という提供したい価値と、〝消しゴム〟さ。まさに異色の組み合わせだろ?　この2つがどう統合されたか、説明しよう。今、趣味っていろいろあるだろう?　しかも、かなり細分化してる。例えば、今大人気のマンガにしたって誰もが知ってるってわけではない。それに、同じマンガでも特にこの登場キャラクターが好き、とかになってくると細分化が半端じゃないわけ。で、共通の趣味を持つ人と知り合いたいと思ってるわけだ。話しやすいし、大事なところでつながっている感じがあるからね。でも、うわっつらのコミュニケーションしかとらないでいると、深い会話にならないからマニアックな趣味の話にまでたどり着かない。同じマンガの同じキャラが好き、という2人であっても、お互いそれを知らないままってことになってしまう。そこで、消しゴムの登場さ。趣味を消しゴムのカバーの色の組み合わせで表現するんだ。その消しゴムを学校で使う。同じ趣味なら〝あっ、あの消しゴムの色は!　私と同じ趣味だ!〟ってわかる。そうするとすぐに話しかけることができて、人と人がつながりやすくなるだろう?　もちろん、それぞれの色の組み合わせが何の趣味を意味するのかは、同じ趣味の人にしかわからないから安心だ」

すごい発想。さすがアートさん。まさか消しゴムと統合するとは。実現しようとするといろいろ課題はあるだろうけど、すごくいい案だと思う。

さて、次は私の番ね。

「では私の案を説明するわ。先週、友人と久しぶりに会って映画を観に行ったの。映画の後にカフェでおしゃべりして。そこで彼女が席を立とうとしたときに、カバンから何か落としたんだ。で、私が拾ってあげたら、それはお守りだったわけ。しかも、お守りの中に何か小さい紙切れが入っていて彼女の字で何か書かれてたの。なんて書いてあるかは見えなかったんだけどね。そのお守りを渡してあげたら恥ずかしそうに〝ありがとう〟と言って彼女はすぐカバンに戻したんだけど、あれはなんだったんだろう、と思って。親友の私にも説明しなかったぐらいだから、お守りの中身は何かすごくパーソナルで人に言いたくないことなんだろうと思う。さっそくアブダクションしてみたわ。あの小さな紙には、好きな人の名前が書かれていたのかもしれない。自分の座右の銘が書かれていたのかもしれない。すごく大人しそうにみえるけど本当はハードロックが大好き、って書かれていたのかもしれない。夏までに何キロ痩せる、という目標が書かれていたのかもしれない。いずれにせよ、彼女のアイデンティティと関係があると思う。そこで、〝自分を持ち、それを常に取り戻す〟という私が提供したい価値と、〝お守り〟を組み合わせようと思ったの。人には、誰にも言えない思いがある。そしてそれは世間で揉まれていると、見失いそうになる。でも、その思いを常々持ち歩いて見られるようにしておくことで、自分を取り戻せるんじゃないかと。もちろん、この〝自分の思い〟は閉じた秘密のサイトに保存しておいて、それを自分だけがいつでもどこでも見られるようにしてもいいかもしれない。さっきのアートさんの話を聞いて思ったんだけど、消しゴムをお守りにして、そこに思いの言葉を埋め込んでもいいかもしれない。私がどういう言葉をお守りに入れておきたいかって？　もちろん秘密よっ」

いい案だ、なによりやさしさが感じられる、とジョージ君とアートさんから言ってもらって、すごくうれしくなる。フィードバックって素晴らしいな。

最後はジョージ君だ。

「僕は、先日母親を病院に連れていったんです。病院って、すごく待たされますよね。午前10時に予約していても、診察を受けるのが昼過ぎだったりすることも普通にあります。今回もかなり待たされたあと、ようやく診察になりました。母親が息苦しい、というので、その場で医者が母親の血中の酸素濃度を測ったんです。血をとらずにですよ。今、洗濯バサミみたいに指を挟む形で、すぐに測れるんですね。そこで、僕の考えた組み合わせは、〝自分を理解し、自分を承認する〟という提供価値と、〝センサーやデバイス〟との統合です。今、いろんなセンサーがありますよね。これらを使って、まず心や体の状態を計測します。で、その結果をもとに、デバイスという〝モノ〟が、その人の相談にのります。〝午後2時ごろ落ち込んでいたみたいだけど、大丈夫ですか？〟とか、〝午前10時ごろに絶好調だったみたいですけど、なにかいいことがありましたか？〟とか。で、その〝モノ〟に対して自分の話をすることで、自分についての理解が進む、そして自分を承認する、最終的には承認の貯金ができて打たれ強くなって元気になる、というわけです」

ジョージ君は本当にピュアな人なんだなあ。そういえば「カモミール」でジョージ君はドロレスに自分の話をしていた。こんな感じで。

「僕、子供のころ、世界中の人たちのことを本気で心配していたんです」

今もその気持ちを持ち続けているんだな。

この3つの案、つまり私たちのフォーサイトは、どれも自信作だ。新しい価値軸は三人三様で、アートさんは〝つながることでフィードバックを増やす〟、私は〝自分を持ち、それを常に取り戻す〟、ジョージ君は〝自分を理解し、自分を承認する〟と定義した。これらはどれも事実に立脚しているし、深いインサイトに基づいている。提供価値は素晴らしいし、その手段もある程度見えてきた。何より、いろんな人に喜んでもらえる価値だ、と3人とも心の底から感じている。どれもうまくいく、という確信が私たちにはある。

この3つのフォーサイトを、次回フリップ課長に説明しよう。我が社の未来への展望はこの3つにある、と自信を持って言い切ろう。

私たちは、もうほとんど成し遂げた、ぐらいの気持ちでいた。これで未来が切り開けると思っていた。しかし、ここからが我々の本当の意味での悪戦苦闘の始まりだったのである。

玉③④「統合」「リフレーム」

今回も、さっそく振り返ってみましょう。

再び登場したのは「統合」と「リフレーム」の玉でした。インサイトを出すためだけではなくて、フォーサイトを考えるにも必要だということは、それだけこの2つの玉が重要だということでしょう。

フォーサイトを考えるときに、何から始めるべきでしょうか？　最初は「プロジェクトのゴール（会社の未来を支える新しい価値を創造すること）」と、「インサイト」を統合して、オポチュニティ（市場機会）を発想することから始めます。オポチュニティとは、「市場の状況（例：△△の市場が伸びている、高齢化が進んでいる）」のことではなくて、「市場において受け入れられるチャンスがある、抽象的な価値」のことを意味します。今回のフォーサイト・クリエーション・プロジェクトにおいては、「自分自身を理解して自分を承認する」「人と人のつながりを作ってフィードバックを増やす」「常に自分自身の本来の姿を取り戻す」がオポチュニティにあたります。プロジェクトのゴールとインサイトが明確になっていれば、「統合」と「リフレーム」を駆使することで、複数のオポチュニティを発想することができるでしょう。

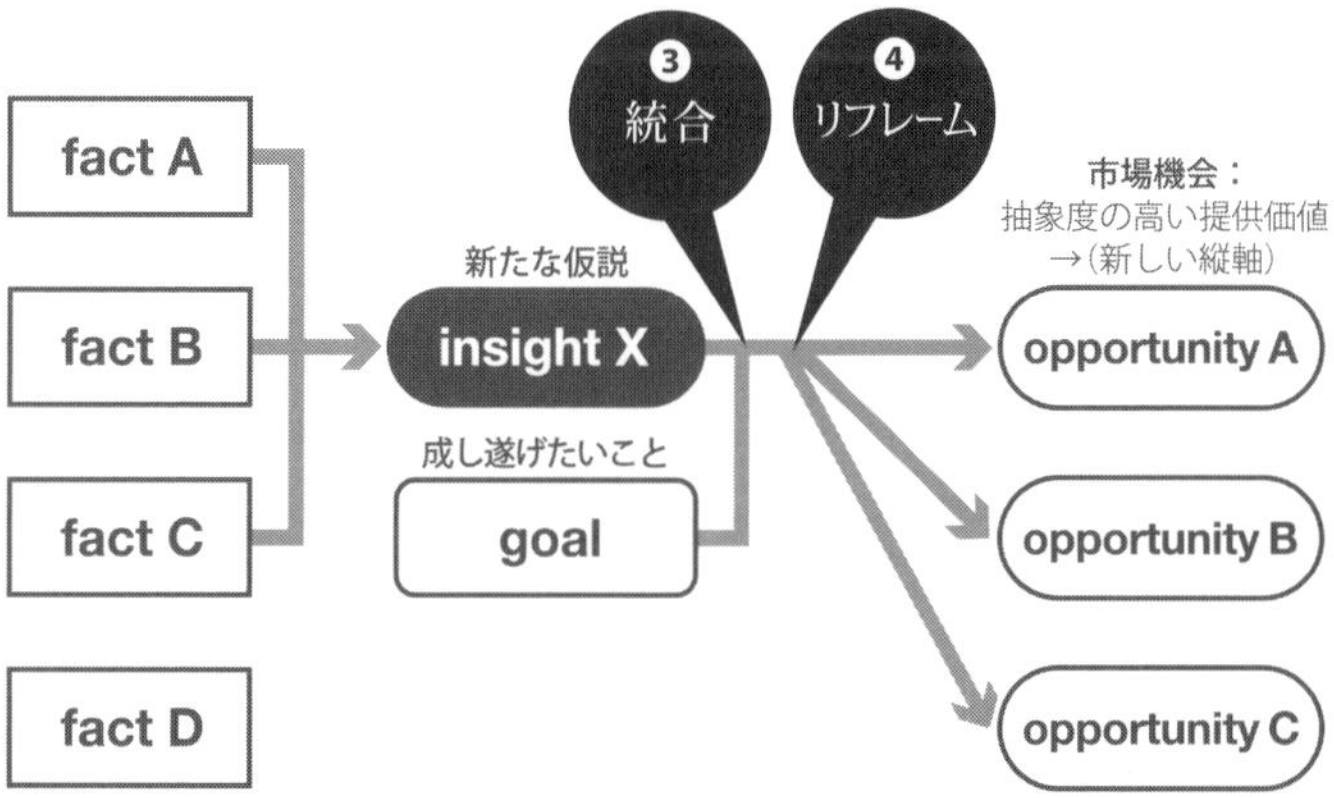

「統合」も「リフレーム」も、きわめてシンプルな概念です。理解することは難しくありません。ただ、これらの2つを実践することは非常に困難です。それはまるで、芸の世界のようです。お笑いはボケとツッコミでできている、という構造を誰もが頭で理解はできても、面白い漫才を実践できる人は少ない、のと似ています。

どうしてそうなるのでしょうか？　それは、「統合」も「リフレーム」も、手順化できないからです。自動販売機のように、コイン（＝情報）を入れたら誰もが同じプロセスを経て同じ飲み物（＝アウトプット）を手にする、というものではありません。

アメリカの心理学者のジョイ・ギルフォードはこう言っています。

「問題に対する究極の解決策は合理的だが、解決策を発見するプロセスは合理的ではない」

つまり、フォーサイトを生み出すプロセスは、サイエンスというよりも、アートの要素が大きいのです。

ただ、「新価値創造のプロセスはアートです」だけで終わらせてしまうと、そのプロセスを議論することも共有することもできなくなってしまいます。私たちのフォーサイト・クリエーション・プロジェクトの取り組みは、できるだけ新価値創造のプロセスを言語化し、概念を言葉として定義していくプロセスでもあります。フォーサイト・クリエーションの方法論は、サイエンスにできない部分（＝アートの部分）が大きいですが、それでもできる限り理論を整理し、サイエンスにできるところはサイエンスにしていく必要があります。

フォーサイト・クリエーションを理論化しようとすることは、「クリエイティビティ（創造性）とは何か？」という問いの答えを見出そうとすることと同じです。クリエイティビティは、誰もが知っている概念ですが、実は学術上の明確な定義は存在しません。ただ、定義しようと試みている人はたくさんいます。たとえばマーガレット・ボーデン（専門は認知科学）は、クリエイティビティを3つに分類しました。

1 組み合わせ型創造性（Combinational Creativity）：既存の概念の、新たな組み合わせを生み出す

2 探索型創造性（Exploratory Creativity）：構造化されたマップからフロンティアを探す

3 変換型創造性（Transformational Creativity）：枠組みを変容させることで新たな枠組みを生み出す

ボーデンの言う**1**「組み合わせ型創造性」は、③の玉「統合」と、基本的に同じだと言えます。また、**3**「変換型創造性」は、④の玉「リフレーム」と同じ考え方です。さらに、**2**「探索型創造性」が2つの軸でフロンティアを探すという考え

方だとすると、既に私たちが取り組んだ考え方と似ています（私たちの場合は3軸で考えて、新たなz軸を創るようにしたけれど）。

ということで、「クリエイティビティとは何か？」という問いには、「③統合と④リフレームである」、と答えることができます。

クリエイティビティは、サイエンスよりもアートの部分が大きいので、効率だけを重視して実施することはできません。工場での仕事のように手順に従って間違いのないように取り組むのとは違って、作家のように苦悶しながら試行錯誤してやっていくものだと思います。

人がクリエイティビティを発揮するためには大事なことがいくつかあるように思います。ここでは2点だけご紹介します。

1つ目はセレンディピティです。

セレンディピティとは、偶発的な事柄をもとに何か新たな発見をする、という概念です。アルキメデスがお風呂から湯があふれるのを見て、王冠の金の純度を調べる方法を思いついて「エウレカ！」と叫んだのも、ニュートンが木から落ちるリンゴを見て万有引力の法則を発見したのも、どちらもセレンディピティです。セレンディピティも、異質なものの組み合わせ、すなわち一種の「統合」だとみることができます。

すぐに役立つかどうかがわからないことであっても、とにかく引き出しをたくさん作ることが重要なのではないでしょうか。一つの専門について詳しい、だけではなく、世の中で起きていること、様々な知識、専門外の教養、これらをどんどん自分に吸収していくと、いつかセレンディピティが起こると思います。

2つ目は遊び心です。心理学者のカール・ユングはこういう言葉を残しています。

「新しいものを作り出すことというのは、〝知性〟によってなされるのではない。自分の思いに根ざした〝遊びの本能〟から生じる」

つまり、いろいろなことに好奇心を持ち、遊びの本能を駆使することが重要だということです。新価値創造では、「真面目である」よりも「遊び心を持つ」ことのほうが重要だと思います。

フォーサイト・クリエーションのプロセスは、気づきに始まり、インサイトを出し、そこからフォーサイトを生む、という流れになっています。気づきを得るためには「気づき力」が必要ですし、インサイトを出すためには「仮説構築能力」が必要です。そしてフォーサイトを生むためには「クリエイティビティ」が必要となります。これら3つの能力は、すべて手順化が困難です。それはつまり、機械に代替されにくいということを意味します。

そうであるならば、この3つの能力は今後も人間にしかできない仕事として残っていく可能性が高いです。私たちがこれから学ばなければならないのは、「気づき力」「仮説構築能力」「クリエイティビティ」ではないでしょうか?

最後に、シュンペーターの言葉を記しておきます。

Innovation can be defined as “new combinations” of new or existing knowledge, resources, equipment and so on.

イノベーションとは、知識や、リソースや、装置や、その他様々なものの「新結合」である。

ヨーゼフ・シュンペーター（1883-1950）　オーストリア・ハンガリー帝国出身の経済学者

第2部 組織編

画期的な新価値を、
組織でどうやって意思決定するのか？

第6章 理解されるために最初にするべきことは？

今日はわけもなく気持ちが高揚している。「少し派手かな？」と思いながらも、初めて真っ赤な服を着て出社してみた。いつもの会議室では、ジョージ君とアートさんが先に来ていて、議論を始めていた。

「いい赤だね」

と2人には好評だった。

思いついたことを紙に書く。ジョージ君とアートさんにその内容を説明する。わっと盛り上がる。時には笑いも起きる。そして時にはひらめく。気づきを集め、アブダクションし、統合し、リフレームする。私たちトリオは今、クリエイティビティという高揚の中にある。クリエイティブであることが、こんなに楽しくてエネルギッシュなものだと知っていたら、もっと早くからチャレンジしていたのに、と思う。

灰色の会議室が盛り上がっているさなか、ドアが小さく開いて、フリップ課長が顔を出した。私と目を合わせると、今度は小さく手招きをする。私を呼んでいるのだ。小走りに会議室を飛び出す。廊下の奥の暗闇の中にいるフリップ課長が呼んでいる。近寄っていくと、フリップ課長が説明を始めた。薄暗いところなので、フリップ課長がどういう表情をして話しているのかはよくわからない。

「あれっ？　君のその服……。いやなんでもない……。君の立場が中途半端だったけど、このプロジェクトのメンバーに正式に入ってもらうことにしたから。実質的には既にメンバーだったけど、会社としてオフィシャルな形にして、実状に合わせておいたよ」

そうだった。私がメンバーかどうかはあやふやだったんだ。でも、会社も認めてくれたのだから、とてもありがたいことだ。アートさんやジョージ君とトリオを組んでクリエイティブなことができるのはこのうえない幸せだ。

フリップ課長はさらに続ける。

「君たち3人、ずいぶんとクリエイティブな雰囲気でやっているね」

「はいっ、ありがとうございます！　おっしゃるとおりです。おかげさまで、発想がすごく広がっています」

「いいことだ。もうすぐ私への説明の機会があるだろう？　思い切った、大胆な発想が求められているから、クリエイティブな提案を期待しているよ」

「わかりました！　あの、お願いがあります。ジョージ君もアートさんも私も、このプロジェクトと通常業務の両方を担当していますが、負荷が大きくて大変です。会社にとってこのプロジェクトが重要だということは重々理解しています。なので可能であれば、通常業務の負荷を減らしてもらえないでしょうか？」

「わかった。考えておく。それじゃ」

フリップ課長は目をパチパチさせて、妙な苦笑いを浮かべながら去っていった。

私たち3人は、フリップ課長へのプレゼンに向けて準備を進めていった。もちろん、今回は具体的な実施案、フォーサイトの提案だ。既に得ていた3つの案を磨き上げ、意気揚々と会議に臨んだ。果たして、フリップ課長の心にどれだけ響くだろうか？


プレゼンで、私たちは熱く、とても熱く、3つのフォーサイト案とその背景を語った。特に、案のもとになった課題認識については、こういった具合だ。

「人と人の間に、フィードバックが減っています。ポジティブ、ネガティブのどちらのフィードバックもです」

「そうすると、他者から存在を認められることが減り、〝承認の貯金〟が不足します」

「と同時に、フィードバックが減ることで、自分で自分自身のことを理解することが難しくなります」

「もはや、自分自身への興味さえ失いつつあります」

「そうなると、取り戻すべき自分がどんな自分なのかさえ、わからなくなります」

「自分をしっかり持っていないと、絶えず周りを気にするようになります」

「こうなると失敗を恐れるようになります。すると、他者との軋轢《あつれき》を避けがちになり、新しいことにチャレンジしなくなります」

「挑戦的な行動が減って防御的になると、〝学び〟が得られなくなります」

「自分自身に承認を供給することが困難になり、ますます〝承認の貯金〟が不足します」

すべてがきちんと整理されていたとは言い難いが、思い入れいっぱいの内容を、私たちが得たこれまでの気づきのエピソードも入れて、フリップ課長に全力でぶつけた。3つとも、すごくクリエイティブな案だと自分たちでは思う。さて、どんな反応が返ってくるだろうか?

しかし、しかしである。私たち3人とフリップ課長の間にはかなりの温度差があった。まるで、〝巨大な氷山に、コップでお湯をかける〟がごとく、私たちがどれだけ熱っぽく語っても、フリップ課長はクールなままだった。フリップ課長から言われたのは、こういったことだった。

「それは君たちの単なる思い付きじゃないのか?」

「それは本当にビジネスになるのか?」

「そもそも、どうやって儲けるんだ?　ペイするのか?」

「何年か前に、似たようなことを発想した人がいたが、うまくいかなかった」

「その価値にお金を払う人が本当にいるのか？」

「そのサービスを実現するノウハウがうちの会社にあるとは思えん」

私たちは、これらのどの質問にもうまく答えられなかった。頂上の見えない山に登る気満々だった私たち3人は、〝山の地図〟や〝登山計画〟を先に提示しろ、それができなければ決して登ってはいけない、と言われてしまったのだ。

終わりに、フリップ課長はこう言った。

「いずれにせよ、君たちの言うことは感覚的すぎてよくわからない。もっとロジカルに説明してほしい」

その言葉を聞いたアートさんは、こう提案した。

「まずプロトタイプを作ってみて、次につなげていきたいんですが、どうでしょうか？」

フリップ課長は、〝話を聞いていなかったのか？〟とでも言いたそうな表情で、答えた。

「〝ロジカルに説明する〟というプロセスをクリアしてからでないと、次のステップには行くことが許されないのは当たり前のことだ。もう一度検討し直して、説明してほしい。とにかく、君たちの考えていることを、もっとわかりやすく説明してほしいんだ」

灰色の会議室に残された私たちは、ため息をつくしかなかった。

「もっとわかりやすく、ですか」

そうつぶやくジョージ君に、アートさんが強烈な一言を放った。

「これはダメだな」

　私は、すかさず反論する。

「もうあきらめちゃうの？　再チャレンジしなきゃダメよ」

「真面目な会社ではすぐこうなっちゃうんだよ。俺がこのビジネスを立ち上げようとする個人の起業家だとしようか。俺なら資金を出してくれそうな人たちを何人も訪問してプレゼンするよ。そうすれば、99人に〝投資しない〟と言われても、1人が〝投資する〟と言ってくれればビジネスを始めることができる。でも、今回のように企業の中で始めようとすると、提案先が1つしかない。つまり、俺たちが提案できる相手は、上司のフリップ課長だけさ。彼を飛ばして上に説明したりはできないから、彼がＯＫと言わない限り、次のステップには進めない」

「そうね。でもそれが会社の仕組みなんだから、しようがないじゃない。私たちにはどうにもできないわよ」

「そもそも、俺たちの上司は本当にクリエイティブなのかい？」

　本当のところはどうなんだろう、よくわからない。

「まあ、そもそもがおかしいのかもな。〝会社の将来を支える新しい価値の創造〟ってものすごく大きなテーマなのに、どうしてもっと上の人が出てこないんだい？　フリップ課長は管理者だけど、経営者ではないだろう？」

「愚痴はそれぐらいにして、次の展開を考えましょうよ」

　ジョージ君は黙って考え事をしていた。そして、紙にスラスラと何かを書き始めた。何を書いてるんだろう？」

「僕たちの説明を、フリップ課長にわかりやすくするためにはどうすればいいのか考えてみました。箇条書きにしてみたんですけど、どうでしょうか？」

「なになに、〝言葉を統一する〟、これはどういうことなの？」

「説明の中で、言葉の定義があいまいだったと思うんです。新しい発想を説明するからには言葉を統一して、説明の中での一貫性をもたせないといけないと思います」

「なるほどね。確かに、〝自分を理解する〟〝メタ認知〟〝自らを客観視〟とか似たような言葉がいっぱい出てきて、わかりにくかったかもね」

「あと、ロジカルに、という指摘がありましたけど、あまり思いや推測を入れずに、論理的な展開を心がけましょう。僕たちの気づきは、些末《さまつ》な事例としか受け取られなかったようですし。数値データがあったほうがいいでしょうから、簡易にアンケートでも取りましょうか？」

ジョージ君、前向きね。とてもいい感じ。おかげで〝次に何をどうするか〟が明確になったわ。

でもアートさんは全く納得していない。

「わかりやすくすることに異論はないよ。でもそういう問題じゃないと思うぜ。ま、無駄だとは思うがつきあおうか」

３人ともすっかりクールダウンしてしまっていたし、アートさんはそれからも辛口だったけれど、私たちはその後も灰色の会議室で引き続き資料の修正に取り組んだ。

修正はフリップ課長の指示に基づいて、ジョージ君の挙げた課題をすべてクリアする形で行った。前回よりもずいぶんとわかりやすい資料になったと思う。

その数日後に再び会議が開かれた。出社すると、オフィスに奇妙な張り紙がしてあった。

「華美な服装はひかえること（例：真っ赤な服など）」

これって、ひょっとして私のこと？　そう思うなら、私に直接言えばいいのに。どうしてそうしないのだろう？

会議では、手を入れた資料をもとに、私たち3人からフリップ課長に説明をした。言葉の定義は丁寧になされ、冗長なところはカットされて明示的な表現が使われ、簡易ながらも身近な人たちへのアンケート結果も入っていてとてもわかりやすい資料になっていた。

その結果、再び修正するように、との指示が出た。

「前の資料にあった生き生きした感じがなくなってる。もっとクリエイティブな感じにしてほしい。あと、抽象論ばかりでよくわからない」

指示に基づいて資料を一生懸命手直しするジョージ君と私。一方、アートさんはますます冷ややかになっていった。そして、何度も同じことを言う。

「だからさ、本質はそこじゃないって」

プレゼン→手直し→プレゼン、の繰り返しの回数が片手では足りなくなったとき、私たちの足は自然と「カモミール」に向かった。

「あらあら、3人ともひどくお疲れみたいね。何かあったの？」

ドロレスにかかると、お店の入り口で3人が顔をみせるだけで、すべてお見通しだ。みんな、カウンターにぐったりともたれかかってしまう。一番元気のないアートさんが言う。

「ロジカルってやつは疲れるのさ」

「メタちゃん、髪の右側がうすぼんやりと光ってるけど、どうしたの?」

えっ?　何も光るものは身に着けていないんだけど……。ドロレスには何が見えたんだろう?

「確かにロジカルは疲れるわね。ちょうどいい飲み物があるけど、飲んでみる?」

ドロレスがお勧めするものなら異存などない。

出てきたのは、お茶だった。茶葉が入った小さな急須が3つと、できたお茶を飲むための茶杯が一人3つずつ出てきた。そこに大きな差し湯のポットが一つ。

「アジアのお茶ですね」

そう言うジョージ君に、ドロレスが答える。

「そうよ。たぶん、あなたたち誰も飲んだことがないと思う。かなり珍しいものよ」

「なになに？　ぜひ飲んでみたい！」

と私も少し興奮気味になってしまう。

まずはポットのお湯を、茶葉の入った小さな急須に注ぎ込む。しばらく待ってから、急須からお茶を杯に移す。そして、その小さな茶杯に入ったお茶を飲む。なんとさわやかな味。ほのかに甘くて、すがすがしい風味。3つの急須に入っている茶葉がすべて違う種類なんだろう。3つの杯に分けて飲み比べてみると、味がそれぞれ違う。風味がなくなるまで何度もお湯を入れて楽しむ、岩茶《がんちゃ》というものらしい。

3人とも、岩茶に夢中になる。今の私たちにまさに必要な飲み物だった。お湯を注いでは杯に移し、風味を楽しむ。それを繰り返す。そういう単純作業を何度か繰り返していると、3人ともすごくリラックスした気分になってきた。上品な味わいを楽しんでいると、ほどよく体も温まり、気持ちがぼうっとしてくる。音楽が小さく鳴っているのを感じる。今日の音楽は、クラシックだ。バッハだろうか。

と、そこでまたまた例のことが起きた。でも、これまでのように、2人が消えたのではない。

初めて私も、〝不思議な世界〟に落ちていったのだ。

「君たち3人に、知恵をさずけよう」

「あれが例の……」

「たとえよ……」

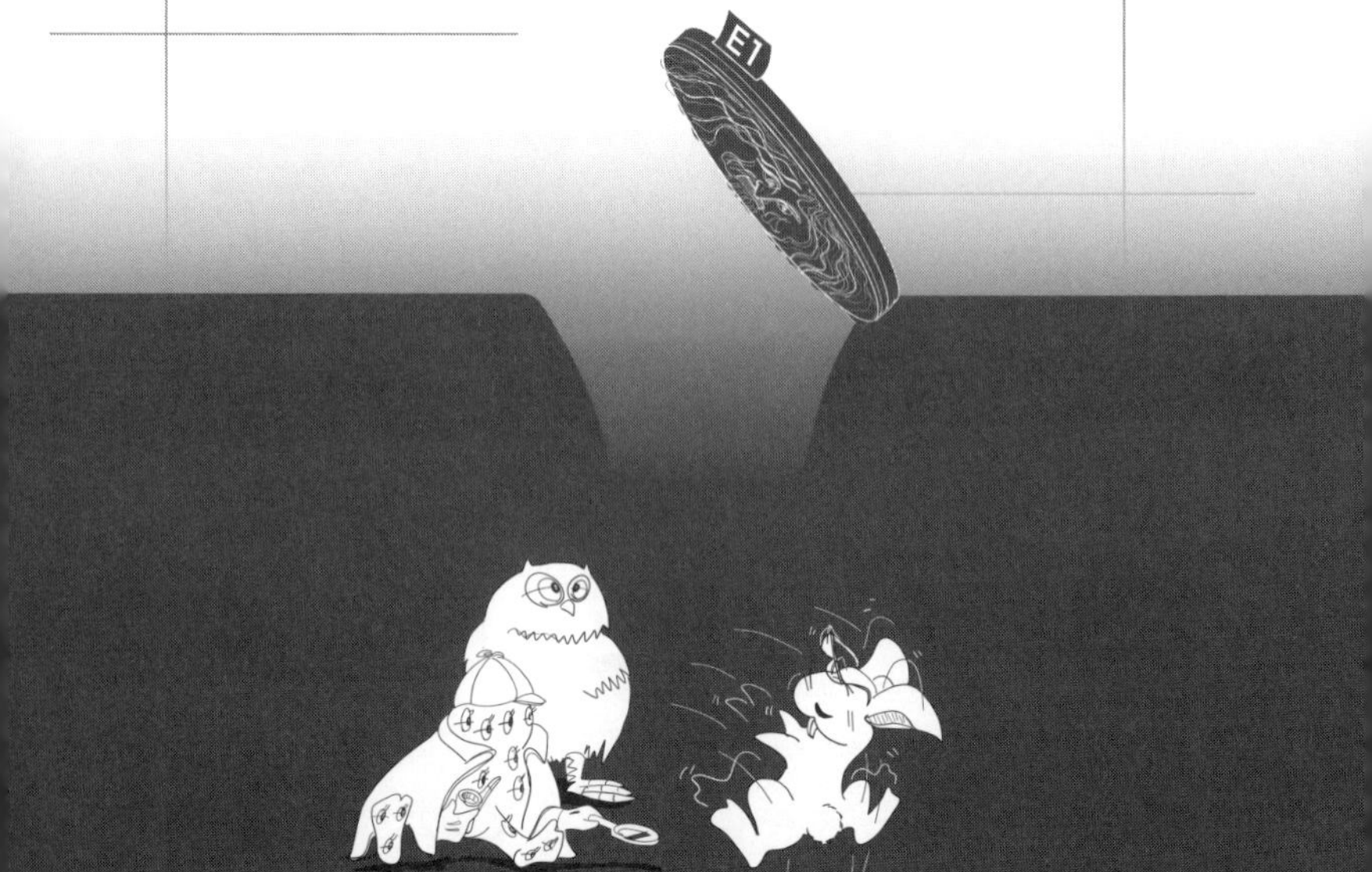

「どういうこと？　これが例の不思議な世界なの？」

「メタさんはウサギですか？　ついにメタさんもこの世界にやってきたんですね」

「どうだい？　この世界の感想は？」

「最初はとにかく不気味な感じがしたけど、今はなかなか不思議で楽しい世界のように思えるわ。とにかく、あなたたち2人の姿が面白いわ」

「それはこっちのセリフだよ！」


「3人そろって、ようこそ。君たち3人の共通点は何？」


「わっ！　マンホールがしゃべった！」

「いえ、マンホールじゃなくて元の世界への扉なんです。今度の謎は共通点ですか。そういえば、僕たち3人の共通点なんて、これまで考えたことがなかったですね。何があるだろう？」

「探せば、いくらでも見つかるだろ。クラブ活動とか、出身地とか、趣味とか、好きな本や映画に音楽、育った環境、家族にどういう人がいる、とかを挙げていこうぜ」

（いろいろと観点を出し合うが、３人全員に共通する点が見つからない）

「いろいろ出してみましたけど、３人とも同じ、というのはありそうでなかなかないですね」

「もっと抽象的なもので考えてみようぜ」

「あっ。あるわ。その〝抽象的〟って言葉で思いついたわ。『カモミール』で、あのお茶が出てきたときの３人の盛り上がり。あれが共通点よ」

「そうか！　〝好奇心〟という共通点ですね！」

「３人の共通点は好奇心なんだね。では謎を出すよ」

「えっ？　共通点を探すのは謎じゃなかったのか？」

「謎はこれだよ」

「〝愛〟とかけて、〝コーヒーで満たされたコーヒーカップ〟ととく。その心は？」

「それって、謎かけ、じゃないのかしら？」

「大喜利でよくやるやつだろう？　俺はやったことないぞ」

「謎かけって、〝結婚とかけて、辞書ととく、その心は？〟みたいなやつですね？　ちなみに答えは〝どちらもアイから始まる〟です」

「ジョージ君、なかなかうまいじゃない！」

「おい！　なんだこれは！　俺たちの体から枝みたいなのがいっぱい出てきたぞ！　枝の先に記号みたいなのがそれぞれついてるけど、いろんな形があるな。３人の共通する形を探せってことか？　これってさっきの〝共通点を探す〟ってやつじゃん」

「確かに３人とも、ペンギンが出ていますね」

「ということは、これと同じことをすれば、謎かけの謎が解ける、ってことじゃないのかしら？」

「さっそく考えてみましょう。〝コーヒーで満たされたコーヒーカップ〟から派生しそうな枝の要素って何があるでしょうか？」

「俺がざっと挙げてみようか？　陶器、入れ物、熱い、重い、こぼすと大変、……」

「〝愛〟のほうはどうだろう？」

「こっちはなかなか難しいな」

「愛とコーヒーカップの共通点は〝熱い〟ところかしら？」


「謎かけとして間違ってはいないけど、もうちょっといいのを出してほしいね」


うーん、扉にダメ出しされてしまった。

「僕、思いつきました。かなり恥ずかしいけど、勇気出して言ってみます。扉さん、お題をもう一度言ってくれませんか？」


「〝愛〟とかけて、〝コーヒーで満たされたコーヒーカップ〟ととく。その心は？」


「その心は、〝どちらも、美味しさと苦みのある、温かいけれども冷めやすいものを、しっかりと受け止める〟」

なるほど。確かに私のよりいい答えだ。扉も満足のようで新しい玉が出てきた。

「今回はこげ茶色の玉を手に入れました。玉にはメタファーと書いてあります」

ジョージ君とアートさん、そして私は〝現実の世界〟に戻ってきた。やっぱり、〝あの不思議な世界〟は実在した。奇妙な世界だけど、私にとっては居心地のよい、面白いところだった。ワンダーランド、という言葉がぴったりと当てはまる。3人で一緒に、さっそく学んだことを振り返ってみる。どういうわけか、3人とも疲れはすっかり消えている。

〝神々しい怪物〟からのメッセージは「たとえよ」だった。謎かけには、どういう意味があるんだろう？　もらった玉には「メタファー」と書かれていた。メタファーって、どういう意味なんだろう？　さっそく調べてみる。

私が意味を調べ始めると、ジョージ君が何かを探し始めた。

「どうしたの？　何かなくしたの？」

「いや、あの例の玉がないんです」

「大事な知恵の玉をなくしちゃダメじゃない！」

そう言う私を見ながら、ドロレスがおもむろに言った。

「あなたの髪の右側、それが玉じゃないの？」

えっ？　さっきもドロレスが言ってた、髪が光ってるとかいう話？　自分で髪をかき上げてみた。すると、驚くべきことに、そこに玉があった。それも、イアリングとして。私はいつも大きめのイアリングをしているが、髪で隠れているのであまり外からは見えない。耳から外して驚いた。確かにこれは例の玉だ。こ

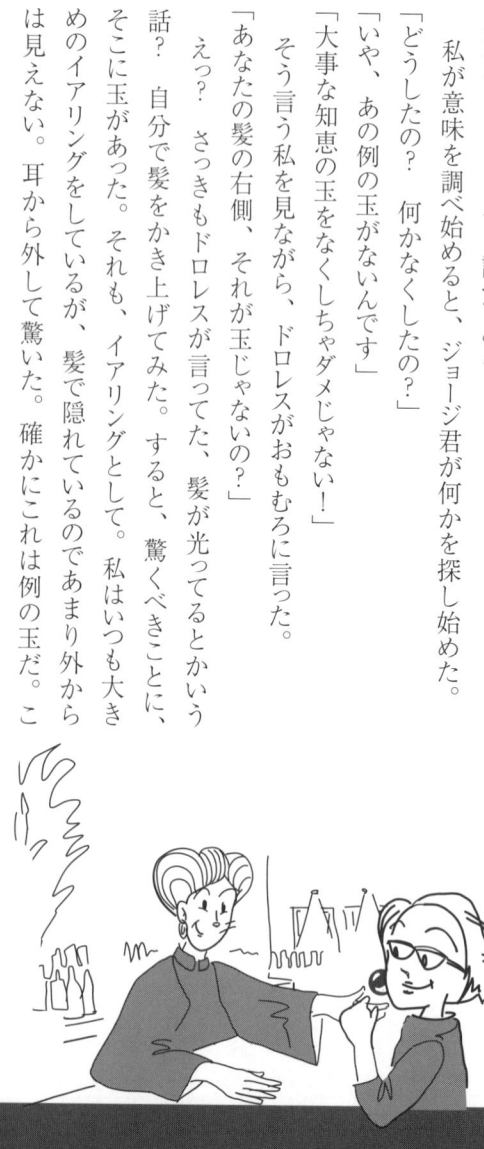

げ茶色に光り、「メタファー」と刻まれている。5つ目であることを示す印も入っている。どうしてこれが私の耳に？

「で、メタファーはどういう意味でした？」

と聞くジョージ君に、さっそく調べたことを伝える。

「メタファーって、〝AとBの異なる2つの事柄が、ある特徴において同じであることを示すこと〟という意味みたいね」

すかさずアートさんが言う。

「たとえる、ってまさにそういうことじゃないか。愛をコーヒーカップにたとえるとかさ。しかも、その玉がメタちゃんの耳についていた、っていうのが面白いな。だって、メタちゃんってこのメタファーを使ってたとえるのが最初からすごく得意だったぜ」

そう言われてみればそのとおりだ。私はいつも何かにたとえて話す。ジョージ君のことも、最初は〝傷つきやすいダイヤモンド〟って表現していた。

「〝人間は考える葦である〟とか、〝彼女は僕の太陽だ〟とかも、全部メタファーだわね。メタファーで表現すると、とたんに伝えたいポイントがわかりやすくなるのよね」

とドロレスが、また豊富な引き出しをもとに解説してくれる。

「メタファーには、統合と似ている部分があるけど、違うものね。統合は複数の異質なものを組み合わせてさらなる高みへのぼるもの。一方、メタファーはすでに理解している概念と、説明したい事柄との共通点を見つけ出して、この意味で同じだ、と提示して、理解しやすくするためのものね」

　ドロレスの言葉を受けて、ジョージ君が言う。

「よし、メタファーを使って、僕たちが提案したいフォーサイトを一言で表現しましょう。そうすると、フォーサイトのコンセプトが明確になりますね」

「プレゼンには、使用場面のストーリーも入れたらどうかしら？」

　そういう私に、アートさんは相変わらず、〝まあ、どうせ無駄だろうけど〟という表情を浮かべている。

　さっそくフォーサイトのコンセプトをわかりやすく説明できるメタファーを考えてみる。まずはアートさんの案「人がつながる消しゴム」から。

「〝人と人をつなぐモノ〟というのがコンセプトよね。それも、なかなか自己開示をしない人同士が、消しゴムといった身近なもののデザインを通じて、お互いの共通点を見出してすばやく関係性を作る、という。確かに、こう説明していると長いわね。このコンセプトをたとえると、何かしら？」

「〝アフリカのアリと、アメリカのアリの出逢い〟なんてどうだい？」

　とアートさん。自分の案のときには話すんだ。

「確かに。アフリカ大陸とアメリカ大陸って海を挟んですごく離れているから、どちらにいるアリも、お互い自力では絶対に出逢わないですね。もっと言うと、〝アフリカのアリとアメリカのアリを出逢わせる船〟でどうでしょうか？」

というジョージ君の言葉に、アートさんは同意する。

「いいね。気に入った。少し短くして、〝2大陸のアリをつなぐ船〟にしようかな」

次は私の「お守り」案だ。

「メタさんの案は、〝内緒にしておきたいことだけど、自分にとっては重要な秘密を常にお守りのように持っておくサービス〟でした。その秘密を、自分を取り戻したくなったときにはいつでもどこでも見ることができるようにしておく、という。こちらも説明すると長いですね。いいメタファーはないでしょうか？」

という言葉に、アートさんが言う。

「それって、〝形状記憶のおまじない〟とかどうだい？　お守りに隠されたおまじないで、自分の元の姿を思い出すという」

「悪くはないわね。でもなんだか固すぎるわ。〝浮き輪に空気を入れるポンプお守り〟とかどうかしら？　浮き輪をずっと使っていると、空気が抜けてきて元の形と違ってくるけど、ポンプを使うと元の姿を取り戻すところが同じだと思うの」

「ちょっと長いですね。〝自分を取り戻すお守り〟で充分わかりやすいんじゃないかな？」

私もジョージ君のその案に同意する。

で、最後はジョージ君の案。ジョージ君自ら説明を始める。

「これまでのモノとヒトの関係性の中で、モノは〝ハサミのようなヒトの使う道具〟か〝電話のようにヒトとヒトをつなぐためのもの〟だったと思うんです。で、僕が提案したいのは、〝そのヒトの状況を、モノが測《はか》ることでそのヒトに知らせて、それをきっかけにヒトがモノに自己開示をすることで、モノからのフィードバックを受けて、自分がどう感じているのか、どこに向かおうとしているのか、を理解する〟という新しい関係性です。そしてそのモノやサービスをもとに自己を承認して、身も心も安定することで打たれ強くなる、という。これも説明が長いですね」

「そういや、そういう存在が近くにいるぜ」

というアートさんの言葉に私もひらめいた。2つの異なるものが、見事につながった。

「そうね。すぐ身近にそういう存在がいるわね」

さすがのジョージ君も気づいたみたい。3人で声を合わせる。

「それって、〝ド・ロ・レ・ス〟のことだ!」

「じゃあ、メタファーは〝バーのママ〟でどうかしら? 気楽に相談して自己開示できて、いろんなフィードバックをくれるけど、〝ああしろ〟とか〝こうしろ〟とは言わない、というところまで、そっくりね」

という私の言葉で、メタファーがすべて決まった。ドロレスは話を聞いていなかったので、キョトンとしている。

それから私たちは、また資料作成に取り組んだ。メタファーや、使用場面でのシナリオを用意するだけでなく、すべてにわたって抽象的かつ具体的に説明できるようにしたので、かなりわかりやすくなった。数日後、私たち3人は再び元気を取り戻し、かれこれ7回目になるプレゼンに臨んだ。いつもの〝灰色の会議室〟に集まり、3人からフリップ課長への熱の入った説明が始まった。もとより、熱い思いをもとに作った案だ。修正もやりきった。すべての手はつくしたのだ。

説明を最後まで無言で聞いていたフリップ課長の言葉を待つ私たち3人。しかし、ああしかし、フリップ課長の言葉に私たちは愕然とすることになった。フリップ課長の最初の言葉は、それまでと同じ「よくわからない」だったのだ。

ただ、その意味するところはそれまでとは違うようだ。どうやら、私たち3人がどういうことを提案しようとしているのか、は理解してもらえたらしい。ただ、フリップ課長にわかってもらえなかったのは、「それがビジネスとしてうまくいくのかどうか」ということだった。

アートさんは、粘り強く食い下がる。

「だから、そこを明確にするためにも、次のステップに進みたいんです。プロトタイプを作ったり、実験的に小さく始めてみたり」

しかし、フリップ課長の回答はつれないものだった。

「それはそれでコストがかかるだろう? 我が社が今、どれだけ一生懸命コストダウンに取り組んでいると思っているんだ? 現場は人が減って、大変なんだぞ」

今回の説明でも、次のステップに進むことはできなかった。私たちは、一体どうすればいいのだろう? フリップ課長が去ったあと、アートさんが毒づき始めた。

「彼は、クリエイティブを装ってるけど、ちっともそうじゃないよ。単なる規律重視の管理者さ。この仕事には向いてない」

「まあ、そう人にあたらないで」

「そう聞こえたかい？　俺はシステムに文句を言いたい気持ちなんだ。意思決定のプロセスが間違ってるよ」

「フリップ課長はいろんな意思決定をしてきた人よ」

「まだわからないのかい？　この手の意思決定は、通常業務の意思決定とは違うんだってことが。こんなやり方を続けていたら、いつまでもたっても何も始まらないぜ」

そういえば、私には気になっていることが2つあった。

1つは赤い服の件だ。フリップ課長のあの時の反応からすると、この張り紙を出すよう指示したのは彼だろう。直接私に言わずに張り紙をする、というのは弱い人のやり方だ、と私は思った。もう1つは、「通常業務の負荷を減らしてほしい」とお願いした件だ。私の思いに共感してくれているようにみえたが、あれから何の音沙汰もない。結局、業務は足し算されるばかりだ。引き算をするつもりはないんだろう。

ジョージ君が話し始めた。

「この件についてはアートさんの意見が間違っていると思っていたけど、今日わかりましたよ。アートさんのほうが正しいってことが。もちろん、フリップ課長が悪人というわけではありません。これまでは正しい意思決定をしてきたんだろうと思います。でも、こういう新しい価

業務の足し算

コストダウンを押し進めると、どうしても個々人の業務は足し算されていく。一方、新価値創造に取り組むためには、業務の引き算が必要となる。ゴマの油は搾れば搾るほど出る、という発想で足し算を続けると、疲弊するだけで生める価値も生めなくなってしまう。マネジメント側は積極的に引き算をする必要がある。

値を創造するためには、フリップ課長のやり方ではいつまでたっても行動に移すことができない」

「じゃあ、どうすればいいの？」

「僕にもわからない……」

これ以上資料を修正する気にもなれず、次のプレゼンの日程も決まらないまま、何日かが過ぎた。そんなある日、たまっていた通常業務をこなしている私のところに、意外な知らせが入ってきた。それは〝フリップ課長がこのプロジェクトから外れる〟というニュースだった。なんでも、上層部からお達しがあり、今後はフリップ課長ではなく、その上にいるホワイト部長がこのプロジェクトを仕切るのだという。さっそく、私たち3人からホワイト部長への説明の日程がスケジューリングされた。

フリップ課長がいなくなったのは、このプロジェクトにとっていいことなんだろうか？　それとも悪いことなんだろうか？　ホワイト部長は、私たちの提案を理解してくれるのだろうか？まわりの人たちからは、「大変なプロジェクトに関わっちゃったね」と言われるようになったが、私はそう思っていなかった。私たち3人は皆、自分たちの提案は世に出せばうまくいくこと、そして私たちのフォーサイトが会社の未来を創るという確信を持っていた。ただ、3人の絆が、何より大事な私たちの絆が、ほころびようとしていることには全く気づいていなかった。

玉⑤「メタファー」

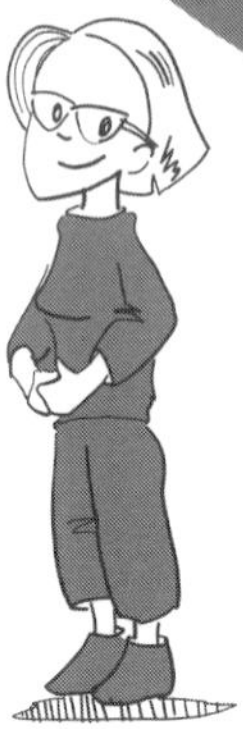

さっそく振り返りましょう。

新しい発想を他者に説明するとき、重要なことは何か、ということですね。画期的な新発想は、理解することが困難です。それを発想した人にとっては自明のことでも、初めて聞く人にとっては何が何だかわからない、ということが起こります。どれだけ素晴らしい発想であっても、どういう考え方なのか、どういう中身なのかをわかってもらえなければ意思決定されることもありません。そうなると、せっかくの画期的なアイディアであっても、何も起きることなくゴミ箱行きになってしまいます。

新しい価値は、これまでにないものを生むことなので、その発想を言葉で表現することは困難です。でも不可能ではありません。私たちは、「オポチュニティ（市場機会）」、すなわち「どういう価値が、市場で受け入れられるチャンスがあるか？」を発散思考で考えました。しかし、オポチュニティの段階ではまだまだ価値の内容が抽象的なので、さらに具体化させる必要があります。方向性を明確にして、新価値をわかりやすく表現することが求められます。

そのためには、「コンセプト」を明確にする必要があります。コンセプトとは、「オポチュニティ」をさらに具体化したものであり、さらには「一言でいうと何なのか」です。たとえば、コンビニエンスストアの新価値として、オポチュニティを「消滅しかかっているコミュニティを活性化させれば、いろんな人がつながってメンタル的に安定し、さらにはセキュリティも向上するのでは？」と記述したとします。この提供価値を一言で示すのが、「コミュニティのハブ」というコンセプトです。

　コンセプトは、新価値を簡潔に説明するキーワードとして、多くの人々の中に広がっていきます。コンセプトとして具体化・概念化することによって、新価値が目指す方向性を明確に定義することができます。コンセプトがあいまいだと、その後のプロジェクトも迷走しやすくなります。

　それはまるで、どこに行くのかを明確にせずに、飛行機を離陸させるようなものです。「アメリカに行く」ぐらいしか決めていないと飛行機は右往左往してしまいます。「ニューヨークに行く」のか「シアトルに行く」のか、明確にしたうえで共有しておきましょう。

　そして、そのコンセプトをもとにして、仕様（feature）を考えます。その価値を実現するためには、どのような機能が必要か、どのような技術を使うべきか。つまり、ここに至ってやっと「仕様」を検討することができます。「気づき」から始めるのではなく、「仕様」から新しい価値を発想するというやり方を、我々はついつい取りがちです。でもこれは「正解を最初に見つけよう」とする、受験の枠組みの発想です。お客さまは、価値にお金を払っているのであって、仕様にお金を払っているのではありません。だから、仕様よりも先に、顧客にとっての価値を考えるべきです。

　コンピュータを例にとりましょう。顧客はコンピュータを買います。しかし、顧客は金属やプラスチックでできたコンピュータという物体にお金を払っているのではありません。コンピュータを使ってできること、すなわち使うことで生まれる価値にお金を払っています。なので、まずは「提供する価値」を、インサイトをもとに検討しなければなりません。仕様を考えるのは、その

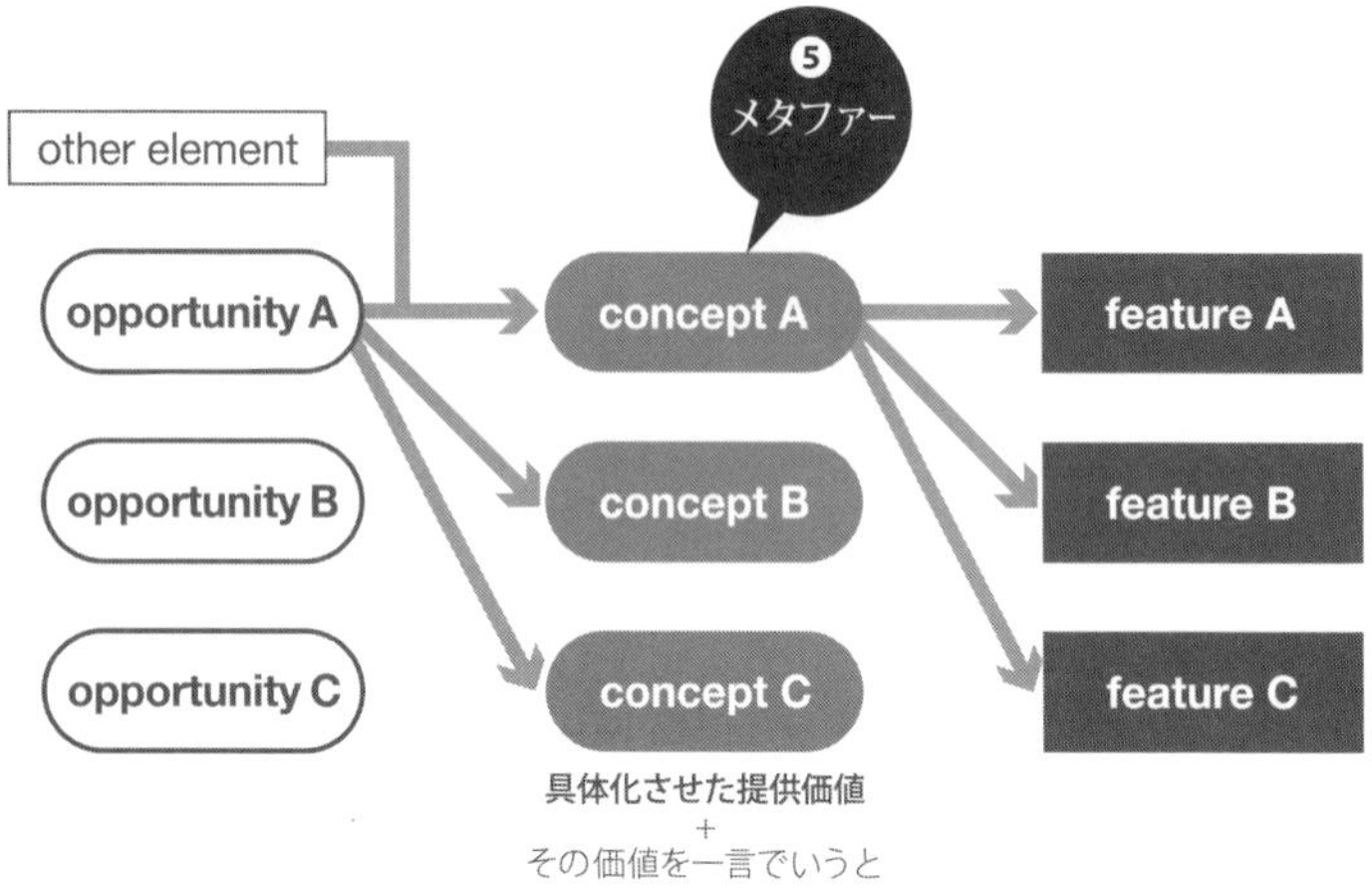

後です。

新しい価値のコンセプトをわかりやすく説明するために、有用なのがメタファーです。未知のものであっても、既知のものでたとえると、理解しやすくなります。

また、メタファーを使うことで、発想が広がりやすくなります。たとえば、コンセプトを「バーのママ」というメタファーで表現すると、「バーにはお酒があるけど、このサービスでお酒に該当するようなものがあるとしたら、どういうものだろう?」といったように、さらに発散して案を出すことができます。

どこに向かうのか、という明確なコンセプトを創り、わかりやすい表現で示すことを、ぜひ大事にしていただきたいです。

最後に、アインシュタインの言葉を記しておきます。

If you can't explain it simply, you don't understand it well enough.

もし、シンプルに説明することができないのであれば、そのことについて十分に理解していないということである。

アルベルト・アインシュタイン（1879-1955）　ドイツ出身の物理学者

第7章　画期的な新価値をどう目利きするのか？

さわやかな朝。

空は晴れ渡っていて、穏やかな風がかすかに感じられる。とても心地よい。すがすがしい空気が「すべてうまくいくよ」と言ってくれているかのようだ。

私たち3人は、案内に従って会議室に入っていく。上層階といっても、いつもの灰色の部屋ではない。上層階にある、別の会議室だ。壁は、木目のオーク色をしている。ただ、本物の木でできているのか、ただの木目調なのかは、よくわからない。おそらく後者だろう。本棚が据え付けられていて、ビジネス書や年鑑、社史などが収められている。いつもの灰色の会議室が実用性を主張しているとすれば、この部屋は格式を訴えかけているように感じられる。

私たちの案を、ホワイト部長に説明する日がやってきたのだ。始業時間よりかなり早い時間を指定された私たちは、いつもより早起きをしてホワイト部長を訪ねた。私たちが携わってきたフォーサイト・クリエーション・プロジェクトを仕切ることになったのがこのホワイト部長だ。これまではフリップ課長しか姿をみせなかったので、まだ誰も直接には会ったことがないのだが、どういう人なのだろうか？

私たち3人にとっては、不安よりも期待のほうが大きかった。これで状況が変わり、プロジェクトがスムーズに進行するかもしれない。部屋の雰囲気に慣れず、3人とも黙っていたが、この気持ちは同じだったはずだ。そうこうするうちに、5分遅れてホワイト部長が入ってきた。部屋が緊張感に包まれる。人間って不思議だ。物理的には人間が一人入ってきただけなのに、どうしてこんなに場の空気が変わってしまうんだろう。

ホワイト部長は硬い表情をした、やせ形の「いかにもエリート」という人だった。特に服に詳しいわけではない私でも、ホワイト部長のスーツが高級な仕立てのものであることはすぐにわかった。しかし、一番印象に残ったのは、そのスーツの下に着用している「素晴らしく白いシャツ」だった。どこにもよれたところがなく、くすみもなく、とにかく白い。その真っ白いシャツから、ホワイト部長が「きっちりとする」ことを大事にする人なのだろう、と私はアブダクションした。

ホワイト部長はまだ一言も発していない。けれど、私たち3人は既に「これはとんでもないことになった」と感じていた。私たちはまるで、同じコスチュームを着て整列している膨大な数の戦闘員の中からたまたま呼び出された3人のようなものだった。戦闘員たちは、厳しい表情の上官の前では笑顔を見せることなど許されないのだ。そんな中、これまでに築き上げた自らの思いや確信を伝えることしか、私たちには術《すべ》がなかった。

「フォーサイト・クリエーション・プロジェクトの現状についての報告だな。では、説明してくれたまえ」

とホワイト部長は表情一つ変えずに言った。

私たち3人はお互いに目を合わせると、場の空気を変えるべくエネルギッシュに説明を始めた。雰囲気にのまれてたまるものか。3つの案について、メタファーも交えながら、熱い思いを伝えるべく、説明をした。もちろん、

「〝2大陸のアリをつなぐ船〟としての消しゴム」

「〝自分を取り戻すお守り〟に、いつでもアクセスできることで、自分を取り戻すサービス」

「〝バーのママ〟的な存在のモノからフィードバックをもらって、自己理解・承認を進めるサービス」

の3つのフォーサイトについてである。


すべての説明が終わった。ホワイト部長はずっと黙って聞いていた。表情が変わらないので、私たちの説明についてどう思ったのかは読み取れない。

「説明は以上です」

というアートさんの言葉を受けて、ホワイト部長はようやく話し始めた。

「今説明があった君たちのような考え方は、初めて耳にしたけど、そんなことを言ってるのは君たちだけじゃないのか？　そういうニーズがあるとか、そういったソリューションが受け入れられるとか、

他で全く聞いたことがない」

私は、のけぞりそうになった。確かに「そんなことを言っているのは私たちだけ」かもしれない。少なくとも、現段階では。どう答えようか、と思ったその時に、アートさんが素早く返答した。

「そうです。私たちだけです。だからいいんです。誰もまだ思いついていないからこそ、我が社のオリジナルなアイディアなのです。オリジナルなアイディアだからこそ、新たな市場を生むことができるんです。私たちが提示しているのは新しい仮説です。誰かが既に思いついているようなことは、もうやられてしまっています」

ホワイト部長は、とりすました表情のまま、動じることなく言う。

「だからといって、君の意見が正しいとは言えないだろう？」

アートさんは、何かを言おうとした。しかし、その言葉をぐっと飲み込んだ。ホワイト部長は、それまでとうってかわって、鋭く切り込み始める。

「君たちが説明しなければならないことはいくつもある。一つは技術だ。〝バーのママのような自己承認サービス〟を我が社が実施するためには、カウンセリングの技術が必要だが、我が社にはそのような技術はない」

確かに私たちは〝技術をどうするか〟については何も提示できていない。

「そもそも、そのサービスを提供して、どうやって儲けるのかね？　そんなサービスを提供して、お金を払ってくれる顧客は本当にいるのかね？　お金を払ってまでサービスを受けたい人がいるのか、私には疑問だな」

つい先ほどまで元気に説明していたジョージ君が、話しはじめる。声にはあまり元気がない。

「もちろん、私たちの案は完全無欠ではありません。どう儲けるのか、我々の強みをどう活かすのか、何が課題なのか、をみんなで検討していきたいと考えております。しかし、私たちの提案するフォーサイトへのニーズは存在します」

ホワイト部長は、相変わらず表情を変えず、質問しつづける。表情の裏にどういう感情があるのか、全く読み取れない。

「そのニーズが存在する、という根拠はどこにある？　君たちが根拠を提示しないと、認めるわけにはいかない」

私も議論に参戦する。いつのまにか、私はこの議論をホワイト部長との闘いだととらえてしまっていた。

「人間には承認欲求というものがあります。これは人間が昔からずっと持っている基本的な欲求です」

ホワイト部長は大きなイスに深く腰をかけている。部長が言っていることは少しも間違ってない。すべて論理的な発言だと思う。しかし、私たちはどうしてこんなに惨めな気持ちに支配されそうになっているんだろう？

「君たちの案は、本当にうまくいくのか？　そのサービスが世の中に受け入れられる、とは思えない。私にはとても奇妙な案に見えるし、奇妙な案を我が社が実行するのはリスクが大きすぎる。この案がうまくいくと主張したいのなら、本当に年10億の利益が出るビジネスになるのか、根拠を提示しなければならない。とにかく、うまくいくという証拠、エビデンスを提示したまえ」

アートさんは、感情をなんとかおさえながら答えた。

「〝絶対にうまくいく〟という証明は残念ながら我々にはできません。多分、神様でも無理です。なので、大きく投資するかどうかは、最後は〝カケ〟るしかないと思います。その前に、限定的に試行するとか、ぜひチャレンジさせてください」

ホワイト部長は動じない。アートさんは感情を爆発させる寸前だが、部長がそれを感じとっているのかどうか、それさえもわからない。それほど、ホワイト部長は冷ややかなままだ。

「とにかくエビデンスを出したまえ。会社としては、不確実なものに〝カケ〟る、なんてことはできない」

それでも、アートさんは食い下がる。

「ホワイトさん、あなたが病気になって手術をする必要が生じたとします。その状況で、少しでも失敗する可能性があれば手術を受けるのをやめますか？　絶対治す、と請け合う医者なんていないですよ。それでも手術に〝カケ〟ることはしないですか？　ビジネスでも、〝カケ〟る、ということが時には必要ではないですか？」

ホワイト部長は、アートさんに目を合わすことなく答えた。

「今我々は医者の話をしているのではない。事業の話をしている。根拠を提示しないまま、会社のリソースを使えるなどと考えるのは、考え方があまりに軽い。青臭い理想など、聞きたくないね。仕事というのはもっとどっしりとやるものだ。君たちの直感をエビデンスもなく信頼する、なんてことはありえない。だから、すべてを論理的に説明するように心がけなさい」

アートさんは黙り込んでしまった。そこでジョージ君が発言する。

「私が取った簡易アンケートの結果があります。そこではかなりの人が、私たちの提案を評価してくれています」

ホワイト部長はすかさず言う。

「君が提示したアンケートは、聞いた人数が少なすぎて何の参考にもならない。統計的に有意だとわかるほどの精度の高いアンケート調査をして、その結果をエビデンスとして持ってきなさい。では、次の会議があるので君たちは出て行ってくれたまえ」


私たち3人はその〝木目調の部屋〟を去るしかなかった。3人とも、タンクにたっぷりとため込んでいた元気の多くを失っていた。学びを得ることで少しずつためてきた元気だったが、失うのはほんの30分のプレゼンで充分だった。

ジョージ君とアートさんは対照的だった。アートさんは、ふっきれた感じだった。どこか悟ったような表情をしている。ジョージ君は、深刻な顔をしている。そして悔しさをかみしめるようにして、こう言った。

「よし、じゃあアンケートを取りましょう。そして僕たちの案の素晴らしさを証明しましょう」

アートさんは、

「俺は反対。やっぱりこの環境じゃ、イノベーションは無理。今日はそれがよくわかったよ」

会議であれだけ一生懸命だったアートさんだったが、もうあきらめてしまった、ということなのだろうか。少なくとも、しらけきっているのは確かなようだ。そもそも、ホワイト部長に説明する前から、アートさんにはそういう雰囲気があった。そして、今日の会議はアートさんに何らかの確信をもたらしたようだった。

ホワイト部長の言う「統計的な観点から充分なエビデンス」を得るために、ジョージ君と私は準備を始めた。アートさんは乗り気ではないようで、ほとんど手伝おうとしなかった。

「どうせやっても無駄だって」

と、アートさんはすまして言う。

充分に準備をして、調査は実施された。対象者は一般消費者で、人数は膨大な数だ。少なくともジョージ君による仮の調査とは規模が全く違う。3つの案について、それぞれを価値としてどう思うか、すなわち欲しいと思うかどうか、を定量的に検証するアンケート用紙が入念に設計された。

そしてついに、ジョージ君と私はその調査結果を受け取った。どの案も、3割以上の人たちが欲しいと言ってくれた。そして、特に「〝バーのママ〟的な存在のモノからフィードバックをもらって、自己理解・承認を進めるサービス」は4割以上の人たちから支持された。

ジョージ君とアートさんにとって、この結果は意外だったようだ。4割。半分以下とはいえ、かなりの人たちが私たちの提供したい価値を必要と言ってくれた。たとえそれが紙の上でも、こういった新しい価値を理解して認めてくれる人は思いのほか多かった。それまでになかった発想を、こんなにもすんなりと受け入れてもらえるというのは、私たちにとっては驚きだった。

私たち3人は、再び木目調の部屋に乗り込んで、その結果をホワイト部長に説明した。

「思いのほか、新しい価値への支持は高いものでした」

とジョージ君は言い切った。アートさんは、興味深くホワイト部長の判断を待っている。ホワイト部長は統計についても詳しいのか、対象者の属性や、回答率などについても詳細な説明を求めた。そして、最終的な決断を下した。

「どの案も却下だな。3つとも必要な基準に達していない」

「合格の基準はどれぐらいの数字なんでしょうか？　50％ですか？」

とジョージ君。

「いや、80％だ。だから、30〜40％というのはその半分にも満たない。君たちの案は3つとも落第だ。我が社として投資するにはリスクが高すぎる」

言葉を失う私たち3人。そして、ホワイト部長は、いつものように表情を変えずに、こう言った。

「もっといい案を出すように。それが出せないなら、君たちはこのプロジェクトの担当から降りてもらう。そして、通常業務に戻らせる」

その夜、打ちひしがれた私たち3人は、当然のように「カモミール」に向かった。

いつものように、ドロレスがあたたかく迎え入れてくれた。

私たちの雰囲気が、これまでとあまりに違うことをドロレスはすぐに気づき、安易な言葉をかけることはしなかった。その代わり、お香の話を始めた。

「最近、とてもいいお香を手に入れたの。みんなで体験してみない?」

3人は誰も返事らしい返事をしなかったが、ドロレスはかまわずお香の準備を始めた。かぐわしい香りが立ち上る中、ドロレスは言った。

「さあて、何があったのか、話してごらんなさい」

私たちは堰《せき》を切ったかのように話し始めた。これまでどういう思いを大事にしてきたか、ここしばらくどれだけ悔しい思いをしてきたか。そして、丁寧に積み上げてきた自分たちの自己承認の貯金を一気に失ってしまったことを。「カモミール」は、「自分たちの弱さを出してもよい」場所だった。ここでは安心して自分をさらけ出すことができる。

ドロレスは、うなずきながら私たちの話を聞いてくれた。そして、私たちの言葉に直接答えるのではなく、こんな話を始めた。

「このお店の名前、思い入れがあってつけたのよ。カモミールという名前を私が選んだ理由は、その花言葉にあるの。カモミールの花言葉は、〝逆境に耐える〟〝逆境で生まれる力〟〝あなたを癒やす〟なのよ。このお店にはいろいろな人が来るわ。嬉しいときに来てくれる人もいれば、悲しいとき、つらいときに来る人もいる。世の中は逆境だらけ。苦難はわざわざ自分で用意しなくても、どんどんやってくるわ。もちろん、抱えきれないほどの苦難は持ち続けないほうがいいけれど、乗り越えられる苦難はまたとない学ぶチャンスだからね。今回の3人の苦難は、そのどちらなのか、落ち着いて考えてみたらどうかしら?」

ドロレスの、心にしみいる話に、私たちの気持ちは心のコップから溢れでそうになった。

そうこうしていると、ドロレスが用意したお香のおかげで、3人とも気持ちが落ち着いてきた。なんとも言えない、安心感が私たちを包む。そうしてドロレスがキッチンに戻ったときに、私たち3人は、そう、あの不思議な世界に落ちていった。

「君たち3人に、知恵をさずけよう」

「あっ、また例の怪物だ！」

「人を深く理解して、意思決定せよ……」

A3

「再び3人そろって、ようこそ。
みんな、プレゼントするのは得意?」

「得意なほうだと思います」

「まあまあかしら」

「なんだか、こっちの世界のほうが楽しくなってきちゃったな。今回のお題はプレゼントかい?」

「ある男性が、夫人にプレゼントをしようとしている。何をプレゼントすれば喜んでもらえるのか、考えてほしい。プレゼントの贈り手は、モニターに映っている、この男性だ」

「で、プレゼントを渡す相手は
その夫人である、この女性だ」

「じゃあ、ルールを説明するよ。みなさんから、男性に3つ質問できる。よいプレゼントを考えるヒントにしてね。みなさんの考えたプレゼントを男性が夫人に渡してみる。そこで夫人がすごく喜んでくれれば合格。もしプレゼントを渡しても喜んでもらえなかったら、過去に戻ってやり直しができる。ただしプレゼントを渡せるのは3回まで。では始めよう」

「最初の質問は俺からするぜ。そもそも、どうしてプレゼントをしようと思ったんでしょ？」

男性「結婚して20年経ちますけど、これまでプレゼントらしきものはほとんどしてこなかったんです。でも、もうすぐ2人の記念日だし、何か贈りたいな、と思ったんです。柄にもなくプレゼントなんかしたら彼女には驚かれるかもしれないけど、喜んでもらいたくて」

「なるほど。じゃ、ここはひとつ高価な宝石とか、バッグとかを贈ったらどうだろう？　そこまで私のことを思ってくれてるんだ、ってことになると思うんで。じゃ、俺の案は、奮発して、宝石つきのネックレスで！」

男性「これ、プレゼントなんだけど……」
夫人「あなたっ、これはいくらしたの？
えーっ、そんなに!?
どうしてそんな無駄遣いしたの？
今からでも返品できないの？」

「はい、失敗。最初に戻ってやり直し。次の質問どうぞ」

「次は僕が考えますね。奥さんにさりげなく〝何が欲しい?〟って訊いてみてくれませんか。これ以上確実なものはないでしょう。何しろ、ご本人が欲しいと言っているものを渡すんだから喜んでもらえるに違いないですし」

男性「ちょっといい?　今何か欲しいものある?」
夫人「特に欲しいものはないけど。そうそう、ソファがへたってきてるから、そろそろ替え時かしらね」
「それです!　ソファをプレゼントしましょう!」
男性「これ、プレゼントなんだけど……」
夫人「どうして勝手に決めちゃったの!?　私はもっと落ち着いた色がよかったのに。今度買うときは、事前に相談してよね」

「また失敗。再び最初に戻ってやり直し。次で最後だよ。では質問どうぞ」

「私から質問させてもらうわ。プレゼントを通じて伝えたい思いはありますか？」

男性「そうですね。感謝の気持ちですね。気恥ずかしさもあって、なかなか口には出せないんですけど、ものすごく彼女には感謝しているんです。彼女は私にはもったいないぐらいの人で、つらいときにも文句ひとつ言わず、明るい雰囲気をつくってくれるんです」

「なるほど。大事なのは高価さではないし、〝これが欲しい〟と口で言ってくれるものでもないわね。その気持ちが伝われば喜んでもらえるはず」

「じゃあ、何がいいんだよ？」

「高級品を贈りましょう」

「えっ？　それではアートさんが失敗した案と同じじゃないですか？」

「それが違うのよ。価格は高くなくていいの」

「言ってることが矛盾してるぜ。どういうことなのか、ちっともわからない」

「私の案は高級なチョコレートよ。５粒しか入ってないけど、高級品。でも、価格はそんなに高くないでしょう？　高級なものを贈ろうとしてくれるのは嬉しい、でも夫婦の財布は一緒だからあまり高くないほうが嬉しい」

「なるほど。見事な〝矛盾の統合〟ですね」

「そう。こういう機会じゃないと、なかなかそういう高級チョコレートを食べることはないでしょう。それだけじゃないの。感謝の気持ちを一言で表したカードをつけて贈るのよ」

男性「これ、プレゼントなんだけど……」

夫人「あら、何？　まあ、チョコレート！

ありがとう……」

「喜んでもらえたみたいだね」

「今回手に入れたのは、紫色の玉だ。〝先見力〟って書いてある」

そうして、私たちはまた現実の世界に戻ってきた。

いつものように、さっそく振り返り、学びを得ようとする。今回の知恵の言葉は「人を深く理解して、意思決定せよ」だった。どう意思決定するべきか、はまさに私たちが今悩んでいることそのものだ。新しい価値を創造しても、組織で意思決定がなされないと行動に移すことができない。

ジョージ君がさっそく言う。

「〝人を深く理解〟ってどういうことなんでしょう？　僕たちは、人間の行動から気づきを集めることから始めて、人は何を求めているのか？　をずっと考えてきたつもりなんですけれども」

アートさんは腕組みをしてしばらく考えた後、言った。

「〝深く〟ってところに意味があるんじゃないか？　単に人を理解、じゃなくて、人を〝深く〟理解なんだからさ」

そうか、それでプレゼントが出てきたんだ、と私は思った。何かをつかんだように感じる。

「こういうことなんじゃないかしら？　気持ちって、すべて自分で説明できるものじゃないでしょう？　プレゼントをもらって、すごく嬉しいときもあれば、あまり嬉しくないときもある。宝石をもらうと、もちろん嬉しいけど、チョコレートのほうが嬉しく思うときもある。それがなぜなのか、自分では必ずしも論理的に説明できないと思うの」

私の話を聞いて、ジョージ君が何かに気づいたようだ。

「わかりました！　僕たちが訪れている〝あの不思議な世界〟は、そういう世界なんじゃないで

しょうか？　これまで僕やみんなが〝この現実の世界〟で行き詰まると、〝あの世界〟に行くことで知恵をさずかるわけなんですけど、〝あの世界〟こそ、その〝言葉で表現できない世界〟ではないかと。とても不思議な世界だけど、そこで学ぶことはすごく多いし、人としてすごく大事にするべきところなのではないでしょうか？」

アートさんがたたみかけるように言う。

「すべては論理的でないといけない、直感ではなくエビデンスで、という考え方だと、〝あの世界〟を全く排除しないといけなくなるな」

キッチンにいたドロレスも、いつのまにか私たちの話の輪に加わっていた。

「それは〝意識の世界〟と〝無意識の世界〟のことじゃないかしら？　人間は意識だけで動いているんじゃなくて、無意識がそれ以上にその人の思考や行動を決めているから、〝無意識の世界〟は重要ね。無意識がどう考えているのかを、人は自分では理解していなかったりするの。〝意識の世界〟は、〝水面の上に出ている部分〟だから、目に見えやすくてロジカルに説明しやすい。一方、〝無意識の世界〟は、〝水面下に潜んでいる部分〟で、見えにくくて言語化しにくい、と考えると、わかりやすいと思うわ」

さすがドロレス、説得力がある。確かに〝この現実の世界〟、特に仕事上の議論では、論理的であることが求められる。言語化できない部分を大事にした創造的な発想を提示しても、会議では一蹴されてしまう。

ドロレスの話に、ジョージ君もアートさんも深くうなずいている。そしてジョージ君が言った。

「無意識って、測れるんでしょうか？　さっき、ドロレスが〝自分の無意識を自分自身でも理解していない〟って言いましたよね。自分が本当に欲しているものが何なのか、自分自身にもわからないのなら、そもそもアンケートで計測できるものなんでしょうか？」

アートさんは我が意を得たり、という顔をしている。

「だから、とにかくプロトタイプを作らせてほしい、とお願いしたのさ。具体化して提示すれば、いろんな人に価値がわかってもらえる、と思ってね」

私も発言する。

「プレゼントしてもらって、つまり具体的に見せてもらってはじめて、価値があるかどうかわかる、ということかしら？」

ドロレスが言う。

「新しい価値が画期的であればあるほど、そういうことが起こるわね。〝潜在ニーズ〟っていう言葉は、水面下に眠っている、人がまだ言語化できない欲求という意味なの。それは推論することができても、定量的には評価しにくい。なにせ無意識の世界の話だからね。だけど、イノベーションと言われるものは、この言語化されない潜在ニーズから生まれてくるのよ」

ジョージ君は、モヤモヤした霧が晴れたかのように、すがすがしい顔をしながら言う。

「新しい価値の創造は、論理やサイエンスだけではできないってことですね。意識と無意識、論理と想像、サイエンスとアート、そのどちらも必要だということですね。確かに論理だけで考えるのなら、プレゼントを渡す時に〝何が欲しい？〟と聞いて、それをそのまま渡すことが一番論理的で正しい、ってことになってしまいます」

ドロレスが、説得力のある声で言う。

「新しい価値を創造するときに一番重要なのは、〝論理的に正しいかどうか〟ではなくて、〝その価値を喜んでくれる人がいるのかどうか〟ってことよ。その価値にお金を払ってくれる人がいてはじめて、すべてが動き出すわけだからね。〝顧客の創造〟という言い方もあるように、新しい価値を生むというのは、お客さまを創り出すということでもあるのよ」

ジョージ君が言った。

「そういえば、ホワイト部長が僕たちに投げかけた質問の一つがそれでした。〝顧客はいるのか？〟って。同じことはフリップ課長にも聞かれました」

「そう、それが一番重要な問い。ただ問題は、その玉に書かれている〝先見力〟ね。〝先見力〟というのは、〝新しく発想した価値の妥当性を目利きして、評価する能力〟のことよ。これが一番難しいの。あなたたちのボスのホワイト部長は、どれだけ深く市場や顧客を理解している人なの？」

そう聞かれても、私たちにはわからなかった。ただ、あれだけ出世していると、よほど意識していないと現場に行くこともないだろうし、直接顧客と接することは少ないだろうということは想像できた。そこまで考えて、私はハッとした。実は私たちも似たようなものなんじゃないか、と。よく考えてみると、会社は効率化のために現場に近い業務、顧客と接する業務をどんどんアウトソーシングしている。これが進むと、私たちも顧客を深く理解することが難しくなっていくかもしれない。

ドロレスは無言の私たちを見て言う。

「とにかくビジネスはすべてお客さまあってのもの。でも、組織の論理にどっぷりと浸かってしまうと、こういった当然のことを忘れてしまいがち。だから、社員が忘れないように、社是に〝顧客第一〟とか〝顧客に誠実に〟が掲げられているのよ」

アートさんが、しらけたように言う。

「ホワイト部長は単純にわからないだけじゃないか？　顧客と接する機会がないのなら、顧客ニーズはよくわからない。自分ではそう認めないだろうけどね。よくわからないからエビデンスを求める。意思決定するためには、エビデンスという〝手形の裏書き〟が必要だ、ということになる」

ドロレスは、いつもより能弁だ。

「新しい価値の目利きが難しいからそうなるのよ。いい発想があっても、意思決定されないと結局は何も起きないでしょう？　学習理論によると、〝何をしようか〟をいくら考えたとしても、それを実行に移さなければ、学習したことには全くならないそうよ。ジョージ君、あなたがある女性を好きになって、その女性をどうデートに誘おうかをどれだけ考えたとしても、声をかけるという行動をとらなければ何も学んだことにならない、というのと同じよ」

ドロレスが止まらなくなってきた。言いたいことがいろいろとあるんだろう。それにしても、いつものことながら、どうして彼女はこんなにあらゆることに詳しいんだろう？

ジョージ君は笑顔で言う。

「はい、ドロレスさん、僕は頑張って行動に移します！　話を元に戻しますけど、目利きの難しさって、昔からある話なんじゃないでしょうか？　あのビートルズもデビュー前にはレコード会社のオーディションに落ち続けた、って聞いたことがあります。そうそう、シャーロック・ホームズの小説も、最初の長編は出版社に断られ続けたんですよね」

「よく知っているわね。そういう話は本当に多いのよ。ベルが発明した〝電話〟も、当時その特許を安い値段で売りに出しても誰も買い取らなかったしね。電話という発明が世の中に広がると目利きして行動に移したのは、結局発明した当人のベルだけだったということね」

「ドロレス、よくわかりました。今日僕たちが体験したようなことは、歴史上、あちこちで起こってきたっていうことですね」

　私の頭の中に、ある映像が浮かんできた。そしてそれをみんなに話したくなった。

「ポケットの中のダイヤモンドね」

　ジョージ君が不思議そうな顔をしている。

「メタさん、それどういうことですか？」

「私たちは、ホワイト部長に批判されたんじゃないってことよ」

「言っている意味がよくわからないです」

「こういうこと。〝このポケットの中に、すごくいいものを持っているの。10万で買いませんか？〟って私が提案したら、ジョージ君、アートさん、買う？」

「買うわけないだろ」

とアートさん。

「当然そうなるわよね。じゃ、私がポケットの中から300万の価値がある本物のダイヤモンドを取り出したら、買う?」

「それが10万なら買うに決まってるじゃないか。すぐに転売して儲けるさ」

と再びアートさん。

「でしょう? これと同じことが私たちにも起こった、ってことよ。私たちは、自分たちの提案がダイヤモンドだと知ってる。自分自身のポケットに入っているからね。でも、ホワイト部長からすると、私たちのポケットの中身は見えないから、買おうとは思わない」

「何が言いたいのさ?」

「つまり、ホワイト部長は私たちの提案を価値のないものだと批判したんじゃなくて、価値があるのかどうかを理解しなかっただけよ」

私の説明に、ジョージ君はすごく納得しているようだ。ドロレスもうなずいている。でもアートさんだけは納得できていないみたい。

「それだけじゃない、と俺は思う。ホワイト部長は、新価値創造という仕事はしたくない、と考えていると思うぜ」

「どうしてそう思うの?」

とドロレスが尋ねる。

「ホワイト部長の立場で考えると、簡単なことさ。新規事業を起こして成功する確率って、どれぐらいだ？　1〜2割もあればものすごく高い確率だろう？　つまり、ほとんどの場合は失敗に終わってしまう。会社としては、そこから学びがあって次に生かすことができれば、失敗したことにはならないんだけどさ。でも、ホワイト部長としては、アクションを起こすとほとんどの場合、失敗することになるわけだ。ホワイト部長が一番嫌なのは失敗することだから、実行に移さないほうが、ホワイト部長の立場からすると〝論理的に正しい〟ことになるのさ。仕事を完璧にこなして失敗せずにここまできたからこそ出世して、今の地位にいるんだろう？　ホワイト部長からすれば、俺たちは泥まみれになって遊んでいる子供に見えるのかもしれないぜ。で、俺たちがバシャバシャと飛ばした泥で、自分の白いシャツが汚れてしまうことを嫌がっているんじゃないか？」

深いため息をつきながら、ドロレスが言う。

「会社の利害と、管理者の利害が合致していないと、そういうことが起こるわね。新しい価値を生もうとするのは、まだ誰も飛び込んでいない海に飛び込もうとするのと同じ。〝最初に飛び込むペンギン〟になることはリスクだらけでしょ。シャチが海の中で待ちかまえているかもしれないし。でも、誰かが意を決して飛び込まないと、いつまでも何も起きない。そのことは誰もが頭ではわかっているはずだけど、失敗せずにきた人はなかなか飛び込めないと思う。ものすごく慎重だからね。そういう意味では、新価値創造という仕事は、〝通常業務を失敗なく運営する〟というのとは違う種類の仕事。だから、インセンティブの付け方も変えないといけないと思うの。減点主義じゃなくて、最初のペンギンになったほうが評価されるような仕組みが必要よね」

ジョージ君がまた深くうなずいてる。

「よくわかります。飛び込まないペンギンでいつづけると、現状維持どころかどんどん後退してしまう、と思います。でも、その飛び込まないペンギンは、不確実性への恐れを持っているから飛び込まないのだと思うんです。そう考えると、ホワイト部長のあの無表情の裏には、恐れや不安といったものが隠れているように感じるんです」

ドロレスはにっこりとして言った。

「もちろん、取ってはいけないリスクを取るのは間違い。むやみになんでも実行してしまうと、会社も傾いてしまう。あなただって、外れたら10億払わないといけないクジは絶対にひかないでしょう？　ただ、問題は何も行動をとらないこと。そうなると現状維持も危うくなってしまう。どうしてそうなってしまうのか？　これは重要な点なんだけど、人はみんなクリエイティビティが大事だって口では言っていても、無意識では恐れているものなのよ」

アートさんがつぶやいた。

「クリエイティビティを恐れる……」

私も発言した。

「それって、紙一重の違いじゃないでしょうか？　不安と危機感は似ているようで違うものだと思うんです。何が違うかっていうと……、そう、アクションを取るかどうかが違う。不安な人はなるべく行動を起こさない、危機感のある人は行動を起こす。それだけのことなんじゃないかと」

「今の世の中をどうとらえているか、によっても変わってくるわね。世の中を静的なものとしてとらえるか、動的なものとしてとらえるのか？　ハイパーコンペティション（超競争）と言って、うまくいっている事業であっても、成功を維持できる期間が短くなってきているの。だからこそ、最初のペンギンになる勇気を持つことがとても重要なのよ」

さらにドロレスから、強烈な意見が出た。

「人間、みんな長きにわたっての安定が欲しい。だけど、世の中はどんどん変化していく。そんな中、どうすれば安定が得られるのか？　合理的であることを一番大事にして、失敗しないように堅牢であろうとするのか。それとも、小さな失敗が少々起こっても試行錯誤を続けて変化に対して柔軟であろうとするのか。私は圧倒的に後者の立場だけどね。海が荒れているとき、船の操縦桿を握るのは〝間違いを犯してこなかった人〟ではなくて、〝試行錯誤をしてきた人〟であるべきだと思う」

ドロレスの説にみんな深くうなずいていると、お店にお客さんが入ってきた。存在感のある年配の男性だ。メガネをかけている。ドロレスはその男性を迎え入れるために、入り口に向かっていった。

ジョージ君とアートさんは、話を続けていた。私は入ってきた男性が気になって、もう一度その人の姿を見た。そして思わず「あっ！」と声をあげてしまった。アートさんが「どうした？」と聞く。ジョージ君にはすぐにわかったようだ。

「今入ってきた人、うちの社長ですよ」

　私たち3人がそわそわしていることに、ドロレスはすぐ気づいたようだ。

「どうしたの、みんな？」

　とドロレスが言い終わったときには、既に私たち3人は社長の前にいた。

「ハワード社長、私たち、社員のメタ、ジョージ、そしてアートです。3人とも、フォーサイト・クリエーション・プロジェクトに携わっています。会社の将来を支える新しい価値の創造を考えるプロジェクトです」

　そう挨拶をした。社長と直接話をするのは、3人とも初めてだ。

　ハワード社長は、私たち3人の顔を見回すと、こう言った。

「ほう、そうかね。それは頑張ってもらわないと。君たちがここにいる、というのはドロレスに弟子入りでもしたのかい？」

　弟子入り？　まあ、そのようなものかもしれない。アートさんが言う。

「ドロレスは私の知り合いなんですけど、社長もご存じなんですか？」

　社長はドロレスのほうを向き、

「ドロレス、君が何者なのか、この3人にはまだ知らせてないのかい？」

　と言った。社長はドロレスのことをよく知っているようだ。ドロレスは何か特別な人だとは思っていたけど、一体何をしてきた人なんだろうか？　それをハワード社長が教えてくれた。

「ドロレスは、いままでに数々の新規事業を立ち上げた人だよ。新価値創造の世界で、この人を知らない人はいないよ」

やはりドロレスはすごい人だった。しかし、どうしてその人が今は「カモミール」にいるんだろう？　ハワード社長の説明が続く。

「だけど、体調を崩してリタイアして、今ここにいる、というわけだ。これで合ってるよね、ドロレス？」

「まあ、別に病院にいないといけないわけじゃないし、やっぱり私は人と接しているほうが楽しいから、こうやってときどき休みながらでもお店をやっている、というわけなの」

ジョージ君が興奮の面持ちで社長に言った。

「社長、私からお願いがあります。私たちの考えている新しい価値について、ドロレスさんにお話ししてもよろしいでしょうか？　ぜひ彼女の先見力で目利きして欲しいんです。なにせ、このフォーサイト・クリエーション・プロジェクトの内容は社外秘ですから、これまで相談にのってもらってはいても、新価値の案についてはドロレスさんにお話ししていないんです」

「おお、いいとも。ぜひ目利きしてもらいたまえ。ドロレスは口が固いし、大丈夫だ」

私たちは、ドロレスに3つのフォーサイトを説明した。ハワード社長は、お酒と食事を楽しんでいて、こちらを向いてはいないが、どうやら話を聞いてくれているようだ。説明が終わった後の、ドロレスの言葉を私たちは待った。彼女はどう評価するだろう？

「いいわ、とっても。みなさんの心根のよさ、人への共感をものすごく感じる。人を幸せにしたい、少しでもいい世の中にしたい、という気持ちがとても伝わってくる。それに、世の中の潜在ニーズをうまくとらえていると思うわ。もちろん、課題はたくさんあるだろうけれど、インサイトが素晴らしいから、小さくスタートしてみたら？　中でも〝バーのママ〟的な存在のモノからフィードバックをもらって、自己理解・承認を進めるサービスは、すぐにでも取り組みを始めてみるべきよ」

私たち3人は飛び上がるように嬉しかった。ほとんど泣きそうだ。

「このアイディアには、名前が必要ね。そう、〝Re:YOU〟なんてどうかしら？　〝自分自身にレスポンス〟という意味と、元気を取り戻す〝理由〟とを掛け合わせた名前よ」

「その名前、素晴らしいです！」

と3人とも大賛成だ。そう盛り上がった後、会社で私たちに起こっていることとのギャップに、複雑な気持ちに襲われそうになったとき、ハワード社長は言った。

「ドロレスのお墨付きをもらうとは、君たち、大したものだ」

アートさんが、意を決したように言った。

「あの、社長、私からもお願いがあります。プロトタイプを作るとか、小さくてもいいので実行に移していきたいんですが、許可をいただけないでしょうか？　というのは、残念ながらフォーサイト・クリエーション・プロジェクトは頓挫しています。Re:YOUなどの私たちの案は、ドロレスは評価してくれましたが、会社では却下されてしまっています。そして、今後もこういったプロジェクトを成功させるために、できれば会社の意思決定の仕組みも変えてもらえないでしょうか？」

うわっ。アートさん、社長に直談判しはじめちゃった。それだけアートさんもこのプロジェクトに思い入れがある、ということなんだろうけど。ただ、こんなことして大丈夫なんだろうか？

アートさんの話を聞いて、ハワード社長はかみしめるように言った。

「そのプロジェクトのトップはホワイト部長だったな？　よし、気をつけておこう」

私たちはそれを聞いてほっとした。これで何かが変わるかもしれない。

「今横で聞かせてもらって、君たちの案、特に〝モノに自己開示することで自己承認を得る〟という案を私も気に入ったよ。ただ、この案を実現するには、カウンセリングのノウハウや、モノによるカウンセリングを実現するための技術が必要だ。そこはどうするのかな？」

アートさんは、残念ながらこう答えるしかなかった。

「それはまだ考えていません」

私も、ハワード社長に尋ねた。

「社長はよくこのお店に来られているんですか？」

「ドロレスにいろいろと相談にのってもらうために、よく来るよ」

そうか、みんなドロレスを必要としているんだ。社長も、もちろん私たちも、そしてレストランで会話しないカップルも。誰かに自分を開示して、フィードバックを得て、自分で自分を承認したいんだ。私たちは、自分たちの考えた価値は世に受け入れられる、という思いをますます強くした。


次の日。空はうっすらと曇っている。ここしばらく、私たちにはいろいろなことがありすぎた。落ち込んだり、元気づけられたり。今日はどんな日になるだろう？　と思いながら、私は会社にたどり着いた。ジョージ君とアートさんがなにやら話をしている。2人は私を見つけると、すぐさま走り寄ってきて、こう言った。

「ホワイト部長が、俺たちを呼んでるって。すぐに行こう」

ハワード社長と話したのは、昨日の夜のこと。もうハワード社長からホワイト部長に話が行ったのだろうか？　私たちは、先日と同じ、木目調の会議室に向かった。会議室では、すでにホワイト部長が座って待っていた。相変わらず、真っ白いシャツを着ていて、表情は先日と全く同じだった。そして、私たちに座るように促すと、ホワイト部長は激しい言葉を投げかけはじめた。それも、表情は変えないままで。

曰く、

「君たちはルール違反を犯した。私を飛ばして、頭越しに社長と話をするとは何事だ」

曰く、

「会社のルールをきちんと守れ。君たちも組織の人間なんだから、まずは私に話を通すべきだ」

曰く、

「既に伝えたとおり、君たちが考えた3つの案はすべて却下だ。新しい案を君たちが出さない限り、そしてそれが成功するエビデンスを出さない限り、君たちは通常業務に戻す」

私が最も恐れていたことが起きてしまった。ジョージ君はうつむいてしまっているし、アートさんはしらけきっている。2人とも何か言いたそうだけど、一生懸命我慢している。私はといえば、とにかく悔しいという気持ちでいっぱいだった。どういうわけか、ホワイト部長と話をすると、いつも惨めな気持ちになってしまう。自分が自分自身であってはいけないような、そんな気持ちだ。

その後は一日仕事にならなかった。ジョージ君と私は、うつろな気持ちを抱えたままぼうっとして、気がつくとずいぶんと時間が経ってしまっていた。アートさんに至っては早退してしまった。そしてその次の日、アートさんは会社に現れなかった。そして次の日も、さらに次の日も、アートさんは会社に来なかった。最初は体調を崩しているのかと思った。アートさんは、上司のフリップ課長にはしばらく休むという連絡を入れていたようだ。だけど、ジョージ君や私がコンタクトをとろうとしても、返事は来なかった。何かが起こっている。それも、よくない何かが。

ジョージ君と私は、ハワード社長とホワイト部長の間にどういうやりとりがあったのかをつきとめようとした。しかし、何の情報も得られなかった。ハワード社長に直接連絡をとることは、ホワイト部長から明確に禁じられてしまっている。私たち2人の力ではどうしようもなかった。

「カモミール」に行っても、アートさんがどうしているのか、ハワード社長はどう思っているのか、についての情報は得られなかった。

アートさんが出社しない日が続いた。いったい何が起こっているのか、わからないことだらけだ。この状況は、ジョージ君と私の気持ちを、じわじわと追い詰めはじめた。私たち2人の「水面下」がゆっくりと蝕《むしば》まれていくのを感じた。何しろ、無意識の世界に何度も行った私たちなのだ。無意識がすさんでいくのを気づかないはずがない。私たちのこれまでの強みは、弱みに転じた。私たちはフォーサイト・クリエーション・プロジェクトを通じて、気づきを得るため、そして学び続けるため、いろいろなことを受け入れる癖がついていた。しかし今では、この心のオープンさが災いした。つまり、ホワイト部長の考え方をどんどん受け続けたのだ。私たちは、〝不思議な世界〟に助けを求めたかった。しかし、神々しい怪物は現れなかった。理性以外のものを失い、心が荒れてしまうと、あの世界には行けなくなるのかもしれない。

孤立無援の私たちは、だんだんと周囲の色に染まっていった。

「なかなかそれは難しいね。うちの会社だと、そういう新しいことは無理かもね」

「もう僕にはどうしようもないよ」

新価値創造に燃えていたジョージ君でさえ、そんな発言をするようになってしまった。私たちは、ドロレスの言っていた、「合理的であることを一番大事にして、失敗しないように堅牢であろうとする」マインドにどんどん傾いていった。自分たちがどんどん「弱い人間」になっていっている、という自覚はあった。周りにいる人たちがすべて脆弱な人間に見え、そしてそれを嘲《あざけ》ることで弱い自分を慰める、というところまで、もう少しのところまで来ていた。

アートさんが消えた当初は、私もジョージ君によくこう言っていた。

「どうしてそんなに弱気になったの？　新しい価値を生むんだ、と言っていたあの気持ちはどこに行ったの？」

しかし、私も弱い人間の側に取り込まれようとしていた。ジョージ君も私も、結局のところ、生身の人間だった。そして生身の人間は環境から影響を受け、環境に適合していく。

アートさんを失った今、そしてすべての希望がついえたかのように思える今、私たちはあきらめを学ぶしかないのだろうか？

玉⑥「先見力」

今回私たちは、「新価値創造は、プレゼントを贈ることと似ている」ということに気づきました。よいプレゼントを贈るためにまず重要なことは、「プレゼントを贈る相手のことを深く理解する」ということです。新価値創造においては、これは顧客を深く理解することを意味します。

プレゼントに正解はないので、これを贈れば絶対にみんな喜ぶ、というプレゼントなどありません。安くてもすごく喜んでもらえるプレゼントもあれば、高価でもあまり喜んでもらえないプレゼントもあります。それと同じで、新しい価値には正解はありません。正解のないところに新たな軸を生み出す、のが新価値創造です。

人と時間とコストを投入して新しい価値を検討しても、結局のところ実行されない、ということはあちこちの組織で起こっています。

仕事の進め方として、「PDCA」という考え方があります。Plan（計画）→Do（実行）→Check（評価）→Act（改善）というプロセスのことです。どういうわけか、新価値創造においては、「PDCA」ではなく、「P（dca）」になってしまいがちです。つまり、Planは力を入れて考えるのですが、Doせずに終わることが多い、ということです。Doがなければ、当然ながらCheckもActも起こりません。せっかくよいプレゼントを思いついても、贈るという行動がとられなければ、喜んでもらえるのかどうか全くわからないままです。

なぜそうなるのでしょうか？

それは、新しい価値の有効性を事前に評価することがとても難しいからです。新しい価値を「目利き」しようとすれば、市場を理解しておかなければなりません。それも、かなり深く、顧客が言語化できないレベルで理解することが必要です。

ですから、正しいことを最優先するリニア思考でいる限り、新価値創造の意思決定は難しいでしょう。リニア思考では、「バンソウコウを貼る改善」はできても、「病気を特定したうえでの根本的な治療」はできません。

もちろん、改善がとても重要であることは自明です。ただ、新価値創造と改善は違います。改善は既存のゲームのルールの中でさらに強くなろうとすることです。棋士が将棋でより強くなろうとするのは、その意味では改善です。一方、イノベーションは、将棋とは違うゲームを新たに作ってしまうことです。新しいゲームが生まれてそれが広く受け入れられると、せっかくの棋士としての強さも、全く意味がなくなるかもしれません。

新しいゲームを世に受け入れてもらおうとすれば、世の中を深く理解していなければなりません。しかしながら今の世の中に広く受け入れられている価値であっても、「なぜその価値が

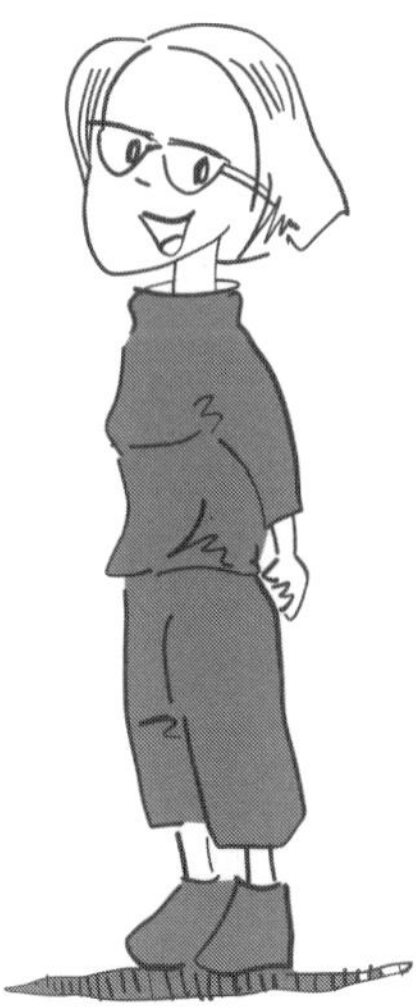

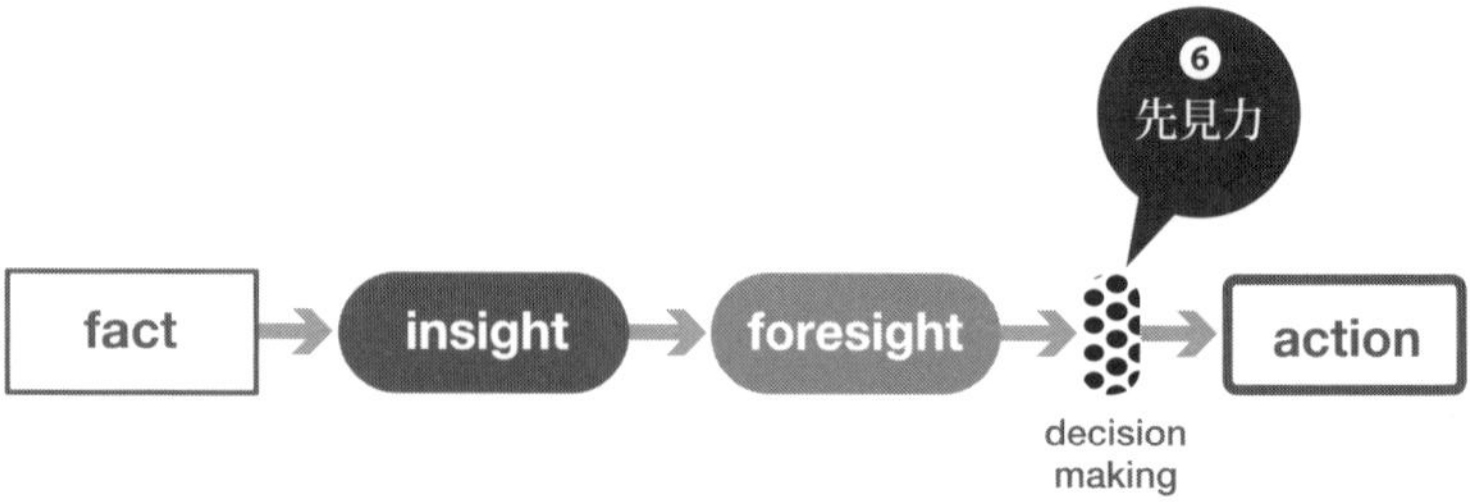

受け入れられているのか」をどれほどの人が理解しているでしょうか？　その商品やサービスを売っている企業であっても、「なぜ売れるのか？」を深く理解しているとは限らないのです。

そもそも、「失敗のないことが重要な仕事」と「新価値創造」とでは、仕事の種類が違うのです。

アリの世界でいうと、「働きアリ」と「ウロウロアリ」の役割は違います。働きアリの仕事は、既存のエサを効率的に運ぶことです。そこでは確実さや秩序が重視されます。一方、ウロウロアリの仕事は、新しいエサを探し出すことです。そのためにウロウロアリは、新しいエサはどこかにないか？　とあちこちをウロウロと放浪します。ウロウロアリはアンテナを高くして、新しい情報をどんどん取り入れます。受け取ろうとする情報を増やすと、ノイズもたくさん混じるでしょう。しかし、その中から「変化の兆候」というシグナルを見出すのがウロウロアリです。

私たちのフォーサイト・クリエーション・プロジェクトは、まさにウロウロアリの仕事です。

ある日、働きアリがエサを採りにいつもの場所に行ったところ、エサが全くなくなっていたら、どうすればいいでしょうか？　そういうときこそ、ウロウロアリの出番です。外の世界を見てきたウロウロアリに聞けば、新しいエサがどこにあるか教えてもらえます。そうすることで、再び働きアリは効率よく運ぶという仕事を再開することができます。

もし、ウロウロアリも、働きアリと同じ枠組みで働かないといけなくなると、どういうことが起こるでしょうか？　「どこにエサを探しに行けば確実にエサを見つけることができるのか」を事前に証明できない限り動いてはいけないのならば、何も行動を起こすことができません。

それではウロウロアリを、どうマネジメントすればいいでしょうか？　働きアリを管理するように、「効率性」「秩序」「確実性」を最優先にすると、うまくいきません。ウロウロアリは、「新規性」「意外性」「妥当性」を最優先してマネジメントするべきでしょう。

ウロウロアリが、働きアリと同じ枠組みで管理されることで働きアリに変わってしまったとしても、短期的には困らないでしょう。しかし長期的に考えれば、「いつもの場所のエサ」はいつかなくなるわけで、ウロウロアリがいなければ結局は困ることになります。『イノベーションのジレンマ』を著したクレイトン・クリステンセンの言葉、「偉大な企業は、すべて正しいことをするがゆえに失敗する」が現実になってしまうわけです。

「短期」で思考するのか、「長期」で思考するのか、は重要な観点です。もちろん、両方で考える必要があります。しかし、実際には「短期」で思

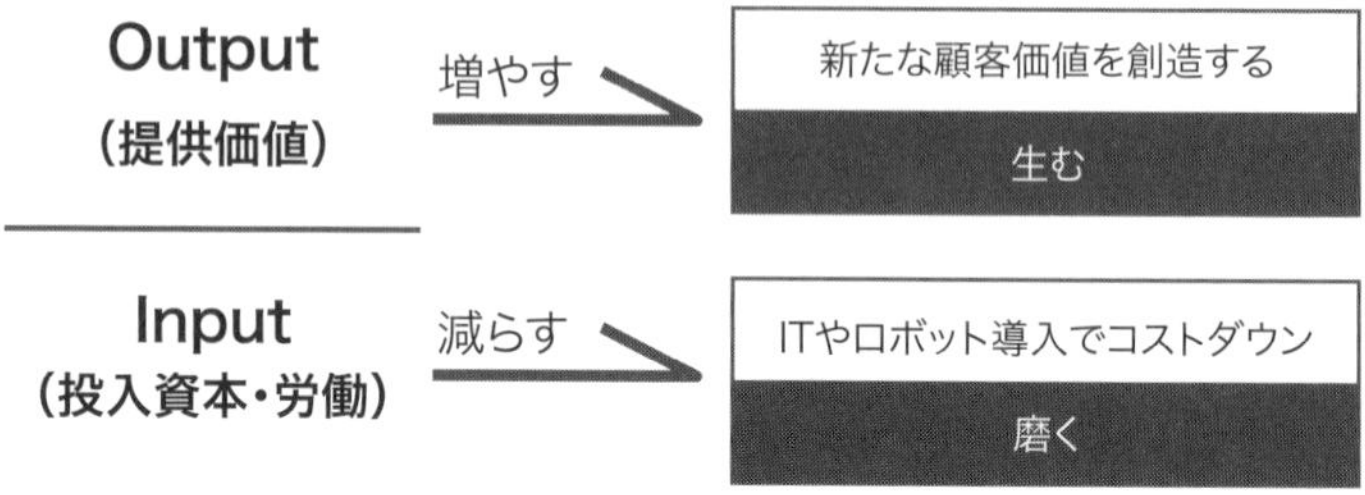

考してしまっていることが多いのではないでしょうか？　「世の中が変化すること」を前提とするのか、「変化しないこと」を前提とするのか、が重要です。「短期」で思考する、というのは、「世の中が変化しないこと」を暗黙の前提にしています。世の中は静的なもので、あまり大きく変わらないのであれば、エサはいつまでもそこにあるので、ウロウロアリの仕事はほとんどありません。しかし、世の中が動的に変わっていくものだと考えれば、エサはいつまでもそこにあるとは限らないので、ウロウロアリは常に次のエサを探し続けなければなりません。現実の世の中は、どちらなのでしょうか？　静的なのでしょうか？　それとも動的なのでしょうか？

　生産性は、投入したインプットに対してどれだけ価値というアウトプットを出せたか、で決まります。生産性を上げるためには、コストダウンをして、インプットを減らせばいいということになります。

もう一つ生産性を上げる方法があります。新たな顧客価値を生み出して、提供価値を増やすことです。これがウロウロアリの仕事です。

しかしながら、組織はどうしても新価値創造を実践せずに、コストダウンだけに取り組みがちです。コストダウンは「既にあるものを磨いていく」ことなので、短期的に成果が出しやすいように思えるからでしょう。一方、新価値創造はクリエイティブなことなので、そもそもどうすればいいのかがよくわかりませんし、確実な方法があるわけでもありません。リスクが大きすぎるように思えてしまいます。

つまり、「行動を起こして失敗してしまう」ぐらいなら、「新しい価値を生むチャンスを見逃す」ほうが安全でよいと思ってしまうのではないでしょうか。

「行動を起こして失敗してしまう」ことは、イソップ童話の「オオカミ少年」にたとえることができます。つまり、「これだ！　と思ったサービス・商品を提供したが、失敗に終わった」という状況です。これは、「投資の失敗」ととらえればわかりやすくなります。

「新しい価値を生むチャンスを見逃す」ことは、野球の「見逃し三振」にたとえることができます。こちらは、「このサービス・商品は顧客に受け入れられないだろうと考えて投資を止めたが、もし発売していれば成功していた」ということです。これは、「機会損失」ととらえることができます。

「オオカミ少年」も、「見逃し三振」も、どちらも失敗です。取ってはいけないリスクは取ってはいけません。しかし、せっかくのチャンスがあっても慎重すぎて見逃しばかりしていては、いつまでもヒットは打てません。そういう意味では、「見逃し三振」のほうが、「オオカミ少年」よりも組織としては問題があります。「他社が新しいサービスで成功しているけど、あのアイディアなら我々も思いついていた」という事態は「見逃し三振」の典型例で、とても誇れるようなことではありません。

それは、まるでビートルズをオーディションで落としたプロデューサーのようなもので、せっかくの成功のチャンスを自らのものにできなかった、ということなのです。

つまり、ウロウロアリとしての行動を起こさないと、長期的に見れば大きなリスクを取ることになってしまう、というのが本当のところだと思います。

ルイス・キャロルの『鏡の国のアリス』という作品に、こういう表現が出てきます。

「同じ場所に居続けようとすれば、全力で走り続ける必要がある。どこか別の場所に行こうとすれば、その2倍速く走る必要がある」

この言葉は、次のように解釈することができます。

「現状を維持しようとすれば、アクションをとり続けなければならない。アクションをとらない、ということは坂道を滑り落ちていくことと同じである。さらに、今以上の高みに登ろうとするのであれば、2倍アクションをとり続けなければならない」

いつまでも飛び込まないペンギンでいると現状維持どころかどんどん後退してしまう、安定を得るためには進化し続けようとする必要がある、ということだと思います。

最後に、チクセントミハイの言葉を記しておきます。

Robert Galvin says that creativity consists of anticipation and commitment. Anticipation involves having a vision of something that will become important in the future before anybody else has it; commitment is the belief that keeps one working to realize the vision despite doubt and discouragement.

ロバート・ガルビンは、創造性(クリエイティビティ)は予測と関与から成り立っていると言う。予測とは、あるものが将来的に重要となるという洞察を、他の誰よりも先に抱くことを意味している。関与とは、疑念や落胆にもかかわらず、その洞察の実現に向けて努力し続ける信念のことである。

ミハイ・チクセントミハイ(1934-)　ハンガリー出身の心理学者

(文中に出てくるロバート・ガルビン〔1922-2011〕は、アメリカの経営者)

第8章 意思決定するために何が必要か?

無力感とは、なんと甘美な毒なのだろうか。自分が現実を動かせない、ということは、これほどにも人間をあきらめやすくさせてしまうものなのか。私たちは、完全に〝棒で打たれ続けた檻の中にいる犬〟になっていた。そういう状況に置かれた犬は、たとえ檻の扉を開放しても、あきらめを学習してしまっているので逃げ出そうとはしないという。

会社に向かう途中に目に入る街の姿と、街を急ぎ足で歩く人たちから、生き生きとした明るい色は失われ、すべてがあの偽りの木目調の色に塗り込められてしまったかのようだ。たぶん、世の中自体は何も変わっていない。私の心のレンズが濁ってしまっただけなのだろう。元気のないジョージ君と私に追い打ちをかけるように、ホワイト部長から呼び出しがあった。

「あと3ヵ月で新しい案が出てこないようなら、このプロジェクトを終わらせる。君たちは、通常業務のみに専念してもらうことになる」

そう言い放ったホワイト部長は、どこか安堵の表情をしているようにも見える。何が本質的で何が本質的ではないのか、をとらえる力が落ちていることが、自分でもわかる。そうなってしまうと、何を信じればいいのかが自分でもわからない。

ジョージ君と私は、2人とも元気がなかった。というのは、社内のあちこちから、ホワイト部長がこんなことを言っている、という話が耳に入っていたからだ。

「我が社にとって、フォーサイト・クリエーション・プロジェクトは画期的な取り組みだったのだが、メンバーが出すアイディアが全然ダメだった」

ジョージ君と私も迷っていた。このままあきらめてしまうのか、それともあきらめずに粘り続けるのか。もちろん、どうしてもRe:YOUを実現したい。しかし、このままでは心さえも折れてしまう。

ホワイト部長は「成果が出ないならプロジェクト終結」の宣言を出した後、こう付け加えた。

「フリップ課長の後任を見つけてきた。3ヵ月という短い期間だが、一緒にやってくれたまえ」

そして、部屋に入ってきたのがバーキンス課長だった。体の大きな男性だ。しかも、筋肉質でがっしりしている。40代だろうか。第一印象では温厚そうに思えたが、その目は厳しさを表しているようにも見える。趣味は読書だという。辣腕《らつわん》の編集者、と言われたら、そのまま信じてしまいそうな人だ。

ホワイト部長から、バーキンス課長の簡単な紹介の後、こういう言葉があった。

「イノベーションを起こすことが急務だ、と社長も言っている。ぜひどんな形でもいいから新しい価値を生み出してほしい」

ホワイト部長の本心は違うところにあるんだろう、と私は思った。口ではそう言っているが、新しい案を出し、それが成功すると証明するところまで3ヵ月で成し遂げることなど不可能なのは、ホワイト部長が一番よくわかっているはずだ。

バーキンス課長はすぐさまこう答えた。

「わかりました。形はどうあれ、なんとしても新しい価値を生み出します」

ホワイト部長が去り、部屋には3人が残された。さっそくバーキンス課長とのミーティングが始まった。私たち2人はこれまでのプロジェクトの経緯を説明した。どういう形で始まったのか、私たちがどう発想したのか、提案して却下されたのはどういう案なのか。話は、アートさんという失った仲間のこと、ドロレスのこと、そしてハワード社長に「カモミール」でばったり会ったことにまで及んだ。ジョージ君と私の話は、どんどん深い内容になっていった。初対面なのに、ここまで深い話になったのは、バーキンス課長が、私たちの話をさえぎることなく、深くうなずきながら聞いてくれたからだろう。

ジョージ君と私の話がすべて終わった後、バーキンス課長は意外な質問を私たちに投げかけた。

「このRe:YOUには、君たちのどういう思いが入っているんだい？」

私たちは、ハッとした。これまで「その案が正しいのかどうか？」と聞かれたことはあっても、

「私たちの思い」を聞かれたことは一度もなかったのだ。

ジョージ君は、少し考えたあと、こう話しだした。

「もっと人は幸せであっていい、と思うんです。つらいことがあっても耐えられる、その元気のもとを届けたいと思っています」

その言葉を聞いて、私も自分の思いを自分でやっと理解したように感じ、

「私は、他者の自己実現を助けたいです」

と言い切ることができた。

2人の答えに深くうなずいたあと、バーキンス課長は、次の質問を投げかけた。

「で、君たちは、このプロジェクトをどうしたいんだい?」

どうしたいんだろう、と考えているうちに、自分たちが少しずつ元気を取り戻しているのがわかった。そして、ジョージ君が言った。

「ぜひこの Re:YOU を実現したいです」

私たちは2人とも、心からそう思っていることを再認識した。

バーキンス課長は、さらに問いを投げかけてきた。

「実現するにあたっての課題は何なのかな?」

ジョージ君が答える。

「一つは、技術的な課題です。ユーザーの状態を知るためのセンサーやデバイスはなんとかなりそうです。でも、一番重要なカウンセリングの技術については、何も用意できていません」

私は、

「それよりも大きな課題があります」

と話し始めた。

「会社の手続き上、既にこの案は却下されています。本気でRe:YOUを実現しようとするのなら、この現実のほうが圧倒的に大きな課題です」

バーキンス課長は、ただ単に問いを投げてくれているのではなく、私たちの思いを受け入れようとしてくれている。懐の深い人だ、と思う。そして、バーキンス課長は、きっぱりとこう言った。

「よし、では2本立てでいこう。Re:YOUの実現のために動きながら、同時に新しい案を探そう」

「えっ？　Re:YOUは既に却下された案ですが、また取り組んでもいいんですか？」

「一度却下されたぐらいで、君たちの渾身《こんしん》の案をあきらめちゃダメさ。でも、3ヵ月しか時間がない。Re:YOUの構想をしっかりと詰めないといけないよ」

バーキンス課長はすごい人だ。あっという間に、私たち2人にエネルギーを供給してくれた。砂漠を走り続けるクルマが、次の給油所までのぎりぎりのガソリンを補給されたような感じだった。いずれにせよ私たちの旅は再び前に進み始めたのだ。ただ、私たちは半信半疑だった。ホワイト部長が明確に却下した案を、どうやって認めてもらうつもりなんだろう？

次の日の朝いちばんに、バーキンス課長が私たちの前に現れた。この人は歩き方ひとつとってもエネルギッシュだ。

「3ヵ月後、社長に最終案をプレゼンすることになった。これが最初で最後のチャンスだ」

ジョージ君はあっけにとられていた。

「社長にプレゼンですか?」

「そうだ。よし、これから3人で出かけるぞ」

「えっ、どこへ?」

「技術が足りていないんだろう? 私の知り合いでカウンセリングのビジネスをしている人がいるから、その経営者に会いに行こう。さっそく交渉だ」

なんて行動が早い人なんだろう。パーキンス課長、外見はどっしりしているのに、動きはとても俊敏だ。準備をしっかりした後に動き出す、というより、準備が万全でなくてもとにかく動く、〝走りながら考える〟タイプの人なんだろう。音楽でいうとクラシックというよりジャズのようだ。すべてが事前に構造化されて準備しつくされていなくても、大枠だけ決めた後は即興でアクションを取る、というスタイルはまさしくジャズだ。そして、昨日の今日でこれだけのことを決めてくるのだから、人脈が豊富なんだろう。

私たちは説明の資料を用意すると、さっそくその会社に向かった。私たちを待ってくれていたのは、企業人のカウンセリングをビジネスにしている会社のマヤ社長だった。

マヤ社長は、大企業を辞めて今のカウンセリングの会社を起業した女性だった。長身で立ち居振る舞いが颯爽《さっそう》としていて、思わず「カッコいい」と言いたくなるような人だ。〝共感する力〟と〝強さ〟を併せ持った、とにかく強烈な個性を持つ女性である。一度会えば決して忘れないだろう。とにかく、発しているエネルギーが違う。大きな苦難を、いくつも乗り越えてきた、といった感じの人だ。マヤ社長とバーキンス課長との間に、厚い信頼関係があることはすぐにわかった。

そのマヤ社長を前に、ジョージ君と私は Re:YOU についてプレゼンを行った。マヤ社長はうなずきながら聞いていたので、私たちが提案する価値はわかってもらえただろうと思う。バーキンス課長はマヤ社長の反応をじっと見つめている。

「で、私にどうしてほしいのかしら?」

と、プレゼンが終わった私たちに、マヤ社長がソフトな声で、鋭く聞く。その迫力に負けじと、ジョージ君がきっぱりと言う。

「Re:YOU を実現するために、知恵を貸していただきたいんです」

マヤ社長は、クールな目を向けてこう言った。

「私は、何年もかけて自らのカウンセリングの方法論を築いてきました。その我が社の努力の結晶を提供してほしい、ということかしら? いくらバーキンスさんの頼みでも、それは無理ね。この方法論が、我が社のコアな部分なのですから」

ジョージ君があからさまにがっかりした表情を見せた。弱さを見せないための強さは、まだ取り戻していなかったようだ。しかし、バーキンス課長は平然としていた。じゃあこれからどうしようか、とさっそく次のことを考えているように見える。この会社以外に交渉できるあてもないはずだけど、この人は後悔というものをしないのだろうか?

そして、私たちはマヤ社長のもとを辞した。ビルを出ると、私たちからの質問を先取りするかのように、バーキンス課長が話し始めた。

「じゃあ、次のアクションに移ろう。もう過去は変えられないからね。落ち込んでいてもしょうがない」

その言葉で、ジョージ君も私も少し元気を取り戻した。こういったバーキンス課長の考え方は、どこから来るのだろう？　スポーツマンシップみたいなものだろうか？

「先に社に帰っているから、君たちは振り返りをしながら、ゆっくり帰っておいで」

そう言い残すと、バーキンス課長は走り去っていった。

2人で会社に戻る道をゆっくりと歩いていると、ジョージ君が突然大きな声を出した。

「あっ！　あれ！　あの人！　見てください！」

ジョージ君が指差しているのはスーツ姿の男性だ。見覚えがある。

「アートさんだ！」

私も大きな声を出してしまう。そして私たち2人はアートさんに向かって一斉に駆けだした。そして、彼を捕まえた。

アートさんは、さすがにバツが悪そうな表情をしている。

「あまり時間がないんだけど……」

などとアートさんらしくないことを言う。

「とにかく、何が起こっているのか、教えてほしいんです」

ジョージ君がくらいつくように言った。アートさんは語りだした。言葉を選びながら、じっくりと。

「別に体調を崩したとか、そういうわけではないんだ。正式にはまだ会社を辞めてない。でも、転職活動をしてる。俺も Re:YOU にすごく思い入れがあったけど、あの会社じゃ無理さ。人じゃなくて仕組みの問題だ。〝散々考えたうえに、結局は何もやらない〟というシステムになってるから、どれだけ俺たちが頑張っても何も起きないさ。俺は Re:YOU に込めた思いを、ぜひ実現したいんだ。本気でそう思うから、まずは職を探すけど、いずれは独立してやっていきたい」

覚悟の上での行動だった、ということを瞬時に理解したジョージ君と私だったが、それでもアートさんを引きとめたいと思った。しかしながら、戻ってきてほしい、とは言えなかった。そう言えるほどの会社の状況ではない。あと3ヵ月でプロジェクトが終わってしまうことは、ほぼ見えている。そう逡巡《しゅんじゅん》して黙りこんでいる私たち2人に、アートさんは話し続けた。

「俺が起業したら、一緒にやらないか？　君たちと一緒に仕事をするのはとてもエキサイティングだった。何より、俺たち3人は思いが近い。だから、できれば将来一緒にやっていきたい。そして、世の中の人の心にエネルギーを供給していこうぜ」

「ありがとう……」

突然のアートさんの提案に、ジョージ君はどう答えればよいのかわからないようだ。もちろん、私も言葉がない。

「どうした？　俺の話、ピンとこないのかい？　じゃあ思考実験をやってみるかい？　もし今、宝くじが当たって、君たちに大金が入ったとしたらどうする？　一生困らないほどのお金が入ったら、それでも今の会社で働き続けるかい？」

しかし、ジョージ君はアートさんの問いには答えなかった。

「現実には、一生困らないほどのお金を得たわけではないから……」


アートさんが足早に去った後、とぼとぼと会社に戻ると、バーキンス課長が待ち構えていた。

「どうした？　何かあったのか？」

「アートさんに会いました」

「アートって、最近会社に来てない彼のことか？　彼に喜んでもらえる話があるんだがな。資金を用意したよ。Re:YOU の簡単なプロトタイプを作る予算を調達した」

「えっ？　どこからですか？」

とジョージ君が目を丸くする。

「社内の2つの部署の、それぞれの部長に頼んだのさ。これで試作品はなんとかなりそうだ」

バーキンス課長の腹は読めた。バーキンス課長は一貫して、Re:YOU の実現に向けて動いている。新しい案を出すのと二本立て、と言ってはいるが、新しい案に賭けるつもりはないんだろう。

しかし、どうすれば一旦会社が出した決定を覆《くつがえ》せるんだろうか？

そんな中、ホワイト部長への中間報告会が開かれた。私たちは、半日という短い時間で考えた〝新しい案〟をまずは説明した。しかし、本気で取り組む気がない案なので、説明もおざなりだった。そして、もう一つの案として、Re:YOU の進展具合を説明した。予想どおり、ホワイト部長は激しく怒りだした。

「私の指示を無視するつもりか。バカにするのもいい加減にしろ。Re:YOU はあきらめろ！」

ジョージ君と私の顔には、はっきりと〝恐れ〟が表れていたと思う。それほどの怒りだった。しかし、バーキンス課長は全く動じない。

「Re:YOU を、社長に提案しようと考えています」

ホワイト部長はネクタイを直しながら言う。

「それはできない。Re:YOU については、正式な意思決定プロセスは既に終わっている。却下という形で」

バーキンス課長は、それでも滔々《とうとう》と話し続ける。

「部長は、どんな形でもいいからイノベーションを生み出すように、とおっしゃいました。大事なのはお客さまに喜んでいただける価値を発想し、それを実現することで具体的な成果を生み出すことでしょう？　プロセスはあくまでもプロセスであって、手段を守るのが本来の目的ではないはずです」

バーキンス課長は堂々としている。どうしてそんなに打たれ強いんだろう？

手段の目的化

本来は、何事にも目的が最初にあって、それを成し遂げるために手段を駆使する。しかし、いつの間にか「そもそもの目的」を忘れてしまい、「その手段を取ることそのもの」が目的と化してしまうことが起こる。「顧客のための組織・立場」のはずが「組織・立場そのものが目的になる」などはその典型例である。

「それに、Re:YOUは、とても筋がいいと思います。この案は、うまくいくと私は思います」

そういうことか。バーキンス課長はお客さまのことを深く理解している、という自負があるんだ。バーキンス課長が、たたみかける。

「社長に、Re:YOUの案を却下したと報告されましたか？」

「いや、まだ何も伝えてない」

「ということは、Re:YOUの案について知っているのは、ここにいる4人だけです。なので、部長さえこの件を了解していただければ、社長に提案しても問題はないはずです」

「しかし、大規模なアンケート調査を実施して、お客さまからの評価は基準に満たなかった、という事実はしっかりと残っている。これを報告しないわけにはいかないだろう？」

バーキンス課長は、全くひるまない。

「もちろん、社長にはそのデータも説明します」

「成功する根拠となるデータもないのに、一体、どうやって社長を説得するつもりなんだ？」

「そこは私に任せてもらえませんか？　決してご迷惑をおかけしませんので」

「俺はそんな話は聞けん！」

ホワイト部長は机をドンッ！　と叩くと、部屋を出ていってしまった。ああ、ついにホワイト部長を本気で怒らせてしまった。それでもバーキンス課長は平然としている。

「じゃあこれから私たち3人で、どうRe:YOUを意思決定してもらうか、を考えようか」

怒りをまともに受けとめたばかりなのに、ジョージ君と私は動揺していなかった。さっそく

言い訳主義

仕事では「顧客に価値を届けること」が最優先されるべきだが、社内調整が大変な組織文化では、「自分が責任をとらなくてすむこと」が優先になってしまう。例えば「聞かなかったことにしてくれ」というのは、問題が起こっても自分の立場を守る言い訳ができるようになっていればそれでよし、という考え方の発露である。

次のアクションを考え始めるぐらい、冷静でいられた。

「バーキンス課長の行動力はすごいですね」

とジョージ君は興奮の面持ちでグラスを傾ける。

「とにかく、社長に直接 Re:YOU を説明できる状況を作ってくれました。本当にありがたいです」

ここは「カモミール」。打ちひしがれた気持ちを引きずらずに、ドロレスに会いに来たのは久しぶりだ。いつものように、ジョージ君と私は、ドロレスにいろいろと相談にのってもらっていた。

アートさんにばったり出会ったこと、新しい上司のバーキンス課長のこと、マヤ社長に断られたこと、そして、次に乗り越えるべき壁についても。

「アートは最近お店に来ないわ。そんなことになっていたのね」

とドロレス。

「問題は次の壁ね。有利なデータが手元にない中、組織としてどう意思決定してもらうかを考えないといけないわね」

私もそこが一番の難関だと思う。もちろん、〝カウンセリングの技術をどうするか〟も考えないといけない。どうマヤ社長を説得するか、これも大きな問題だ。一方、お客さまが支持してくれるというデータがない中、どうやってハワード社長を説得しようか？　社長は、「カモミール」でばったり会ったときに、Re:YOU の案を気に入ってくれたはずだ。でも調査の結果をみれば、市場性がない、と判断されても仕方がないだろう。データ以上に、組織の意思決定において重要なことととして何があるのだろうか？　会社としてこれをどうしてもやらなければ、という思いの根源になり得るものとして、何かないだろうか？

その日、「カモミール」はとてもにぎわっていた。何かのお祝いのパーティが開かれているようだ。お店には笑い声がこだましていた。時間が経ち、ひとりまたひとりとお店を去り、静けさがカモミールに戻ってきた。一方、皿やグラスなど、にぎわいの後の当然の結果がお店の至るところに残されていた。ドロレス一人で片づけるのは大変だ。そこで、ジョージ君と私は、片づけを引き受けることにした。ドロレスは遠慮していたが、私たちからすれば、いくら感謝してもしたりないドロレスを手伝うことは喜び以外の何物でもない。

ジョージ君と私は、テーブルに残された食器をキッチンに運び続けた。そして片づいたテーブルを拭いていく。あまり考えなくても、ひとりでに体が動く。こういうことをしていると、だんだんと心が〝無〟になっていくように感じる。

そうして、私たちはまたまたあの不思議な世界に落ちていった。

「君たちに、知恵をさずけよう」

「今回の知恵の言葉は何だろう……」

「自らを知れ……」

C3,G16

「この世界にようこそ。あれ？　1人減ったね。ではおふたりにお題を出すよ」

「これまでの軌跡から、君たちのシンボルを見つけ出せ」


「これまでの軌跡？　どういうことなんでしょう？」

「このプロジェクトが始まってから、今日に至るまでの軌跡を振り返れ、ってことかしら？」

「シンボルって何のことでしょう？　象徴という意味でしょうか？　それとも、記号という意味でしょうか？」

「記号だとしたら、って考えてみない？　あと、軌跡っていうのは、現実世界じゃなくて、この不思議な世界での軌跡のことじゃないかしら？」

「この不思議な世界に来たのは、もう8回目ですから、その軌跡のことかもしれませんね」

「この世界で、いつも同じ場所に来ているわけじゃないことには気づいてた？　そのときどきで、着いた場所は同じじゃなかったわ」

「ということは、これまでの8回の軌跡を結んでいけば、何らかの図形が出てくるのではないでしょうか」

「なるほど！　ということは、各回の扉についていた文字に意味があるんじゃないかしら？」

「そういえば、これまでの扉の隅に、A3とかE1とか、小さく書かれていたけど、あのコードのようなものに意味がありそうです」

「これまでの、扉に書かれていたコードみたいなものを順に並べてみるわね」

「このコードらしきものが、何を意味するかですね」

「アルファベットと数字の組み合わせになっていて、アルファベットはA～Jの間にあって、数字は1～16の間にあるわね。これはひょっとすると……アルファベットと数字は、それぞれ縦軸と横軸を意味しているんじゃないかしら？　それぞれのコードが、平面上の座標を意味しているとしたら？」

「なるほど。じゃさっそくやってみましょう。アルファベットを横軸に、数字を縦軸にとってみます。で、これまでに出て来た順に結んでみますね」

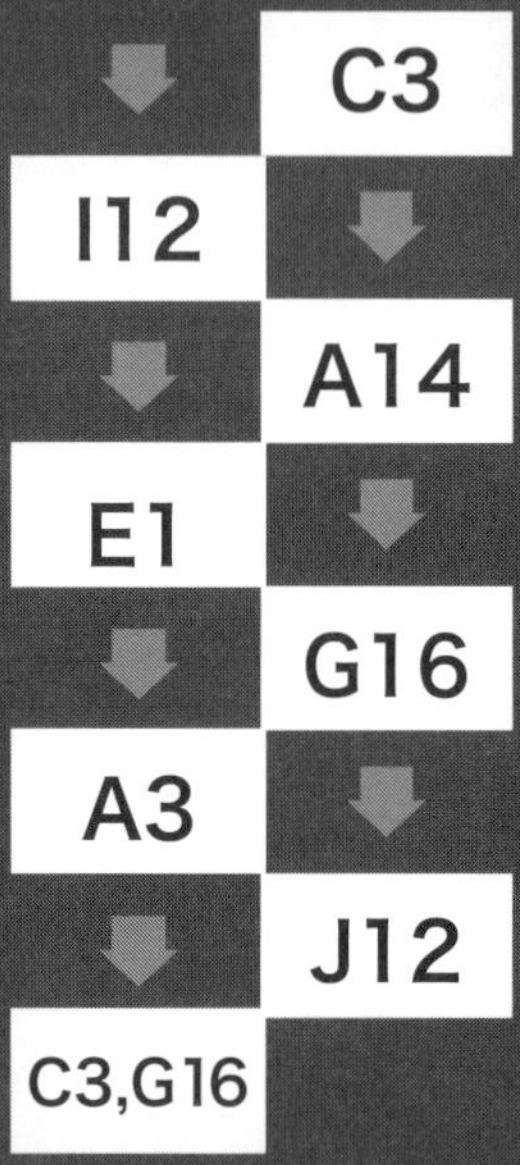

「これは何？　サンドイッチ？」

「これは、ペンギンじゃないですか！
それも、統合とリフレームの玉のときに、
アートさんと僕の2人で、
折り紙をして出来た形と同じペンギンだ！」

「黒色の玉を手に入れました。〝メタ認知〟って書いてあります」

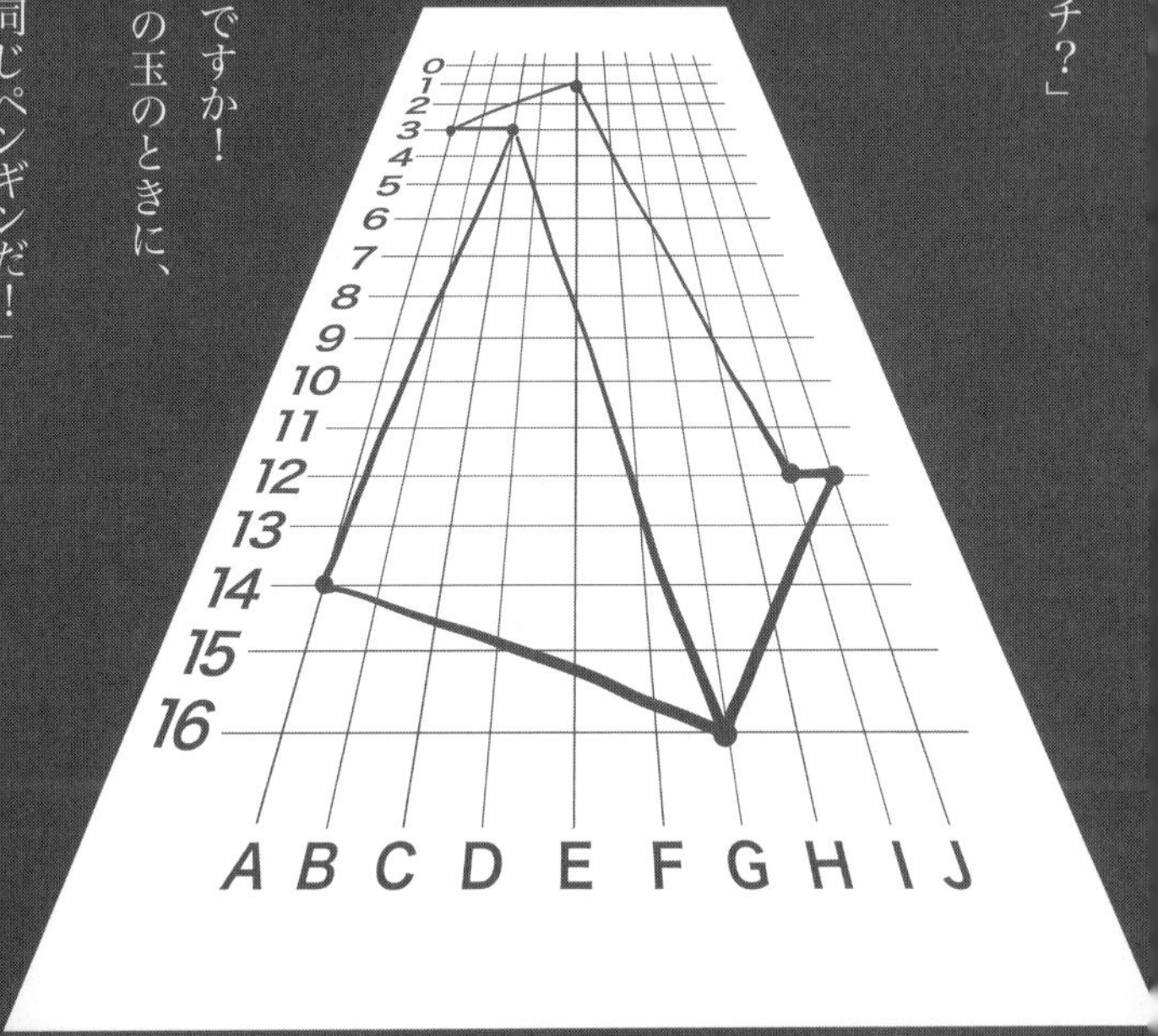

そうして、私たちはまた〝現実の世界〟に戻ってきた。また少し元気になっている私たちがいた。ドロレスはまだ片づけをしているのか、姿が見えない。

ジョージ君が、さっそく玉に書かれた文字を確認しようとする。

「また、玉がなくなってます……」

そして、ジョージ君は私のほうを向くと、

「あった。やっぱりそこでした」

と言った。

この玉も私のイアリングになっていた。髪をかき上げると、黒い玉が光っていた。メタファーの玉は右耳だったが、今回のメタ認知の玉は左耳についていた。7つ目であることを示す印も入っている。この玉も、私と何か関係しているのだろうか？

今回の学びは何だったのだろうか？　さっそく2人で振り返る。そもそも、「メタ認知」ってどういう意味なんだろう？

ジョージ君がさっそく調べてくれた。

「メタ認知は、自分の考え方や思考パターンを認知することで、自己の行動を制御して決定していく能力のことのようです。わかりやすく言うと、自分自身のものの考え方をよく知る、ということですね」

「それって、今回の言葉の〝自らを知れ〟というのと同じ意味ね。私たちはこのプロジェクトが始まってから、ずっと〝他者を観察して、リフレームする〟ことを起点としてやってきたわ。リフレームは世の中で起こっている事実のとらえ方について新たな仮説を出す、ということだったわよね。でね、ここが肝心なんだけど、リフレームして物事のとらえ方を変える、ということは、それまで〝自分自身が無意識に囚われていた枠組みに気づく〟ということでもあるんじゃないかしら?」

ジョージ君が、うなずきながら言う。

「そういうことか。それがメタ認知なんですね。〝他者を理解することが自己理解につながる〟というのは、日常生活でも普通に起こることですね。海外旅行に行くのもそうです。外国に行くと、様々なことに気づく。いろんな意味で自分の国とは違う面がありますから。でも、そういう気づきをたくさん得ると、逆に自分の国の文化ってこうなんだな、と理解することにつながりますよね」

すごくわかりやすいたとえだ。私も続ける。

「そうそう。そういう意味では自分の国にずっといるより他の国に行ったほうが、自らの国が無意識に囚われている枠組みを理解できるわね。それと、違う文化の国に行くと、正解は一つじゃない、というのも実感としてよくわかるわ。自分の国とは全く違うやり方でも、別の国ではうまくいっていたりするから」

「メタ認知、重要ね。汝《なんじ》自身を知れ、という古代ギリシアの格言が、アポロン神殿の入り口に刻まれているの。つまり、自己理解は大昔から重要とされてきたことなのよ」

ドロレスが片づけを終えて話に加わってくれた。

「あなたたちがフォーサイト・クリエーション・プロジェクトを進めていくと、いろいろと難しいことが起こるでしょう？　その背景に何があるのか、わかる？　私は、多くの会社や組織が、新価値創造を誤解していると思うの。新価値創造はそもそも、どういう問題を解くことなのか、をね」

どういうことなんだろう。私たちはドロレスの言葉に耳を傾ける。

「問題には3種類あるの。それぞれ、Simple Problem（単純な問題）、Complex Problem（複雑な問題）、Wicked Problem（厄介な問題）ね。Simple Problem（単純な問題）は、課題もソリューションも明確で、解くことが容易な問題のこと。

例えば、NASAに勤めていて、有人ロケットの開発に携わっているとしましょうか。〝このインターフェースの操作方法がわからない〟と宇宙飛行士から言われれば、〝操作方法をまとめたマニュアル〟を作ればいいわよね。課題もソリューションも明快なこの問題はSimple Problem（単純な問題）なの。

Complex Problem（複雑な問題）は、課題もソリューションも明確ではなくて、解くことが困難な問題のこと。例えば、〝有人ロケットを、どのようにして月に送ればいいだろうか？〟はComplex Problem。誰も成し遂げたことのない〝人を月に送る〟ことを実現しようとすれば、そもそもどういう課題があるのか、課題の定義から考えなければならないし、定義したそれぞれの課題に対して適切なソリューションを考えなければいけない。こういう複雑な問題を解くためには、かなり頭を使わなければいけないけど、時間をかけて取り組めば、〝何が課題なのか〟や〝どうすればいいか〟は見えてくる。そして、そのソリューションはその後もずっと有効。つまりComplex

Problemには正解がある」

真剣に耳を傾けていたジョージ君が言う。

「よくわかります。3つ目のWicked Problemというのはどういう問題なんでしょうか?」

「Wicked Problem(厄介な問題)は、課題もソリューションも明確ではないうえに、そもそも〝何が問題なのか〟を定義することが困難な問題なの。例えば、〝NASAは今後どういう方向に進むべきか?〟はWicked Problemね。Wicked Problemには、いろんな特徴があるの。例えば、〝それぞれ個別でユニークな問題である〟〝どうすればよい、という正解が存在しない〟〝どのような取り組みを行っても、新たな問題が生じることは避けられない〟〝ステークホルダー(利害関係者)の数が多いので、すべての人が満足するということはありえない〟とか。子育てにたとえると、よりわかりやすいかもしれないわ。

Simple Problem = 子供が泣いているからミルクをあげよう
Complex Problem = 子供を安全に育てるにはどうすればいいだろう?
Wicked Problem = 子供をどういう人間に育てればいいだろう?

〝子供をどういう人間に育てればいいだろう?〟という問題には、誰もが納得するような正解はないでしょう? 母親と父親で意見が合わないかもしれないし、祖父や祖母はさらに違う意見を持っているかもしれない。また、〝これが正解だろう〟と方向性を決めたとしても、時間が経つにつれて世の中の情勢が変わり、正解らしきものは変わっていく。〝とにかくいい学校に入れよう。そうすれば、いい会社に入ることができるだろう〟を正解だと考えたとしても、子供が大人になる間に世の中が大きく変わって、正解が変わってしまうかもしれない。

同じように、〝NASAは今後どういう方向に進むべきか？〟もWicked Problem。2人が取り組んでいる〝自社はどういう価値を提供すべきか？〟も、このWicked Problemなのよ。でも、多くの企業や組織は誤解していると思うの。新価値創造はWicked Problem（厄介な問題）なのに、Complex Problem（複雑な問題）だと勘違いしているんじゃないかしら」

ドロレスの話を、ジョージ君と私は息をするのも忘れたかのように聞き入っていた。ドロレスが、引き続き熱く語り続ける。

「〝自社はどういう価値を提供すべきか？〟という問いを、〝有人ロケットを、どのようにして月に送ればいいだろうか？〟と同じ種類の問題だととらえれば、〝ロケットが墜落すること〟は許されないから、絶対に失敗しないという保証がないとロケットを打ち上げることはできないわよね。なので、こういう問いが投げかけられることになるわ。〝その前例のない案で絶対にうまくいくのか？　うまくいくという根拠はどこにあるのか？〟〝根拠を示せないのであれば、リスクが大きすぎる。もっと確実な案はないか？〟〝その案は、欠点だらけだ。例えば……〟」

ドロレスは、私たちの会社でのやり取りをすべて見ていたんじゃないだろうか。そう思ってしまうぐらい、彼女の言うことは、私たちに起こったことと見事に符合していた。

「〝子供をどういう人間に育てればいいだろう？〟という問題に取り組むのならば、〝あなたは子供をどういう人間に育てたいか？〟という問いに、先に答えないといけないの。つまり、重要なのは自分の〝意志〟。〝自社はどういう価値を提供すべきか？〟という問いも、まずは自社の〝意志〟がはっきりしていなければ、どういう価値を提供していくのかを決めることができないのよ。なにしろ、Wicked Problemには正解がないんだから」

ジョージ君と私は深いため息をついた。そういうことだったのか。ドロレスの説明で、すべてが腑に落ちた。そして、あの不思議な世界での教えがより深く理解できた。

「つまり、新価値創造の意思決定で重要なのは、自らの意志だ、ということですね？　で、自らを知れ、というのは、自らの意志を持て、ということだったんですね」

「そのとおりよ」

私は思い立って言った。

「ジョージ君、さっそく〝会社の意志〟をよく調べましょう」

「僕もそう思っていたところです。ただその前に、僕たちの意志は何なんだろう？　とも思います」

「私たち自身の意志？　そういえば、アートさんと3人で共通点を探した時に出てきたのは〝好奇心〟だったけど、それ以外に、私たちに共通する意志があるってことなのかしら？」

「そうです。この間、パーキンス課長にも聞かれましたよね？　君たちはどうしたいのかって。僕たちは、どういう世の中にしたいんでしょう？　その問いへの答えが僕たちの意志だと思うんです」

なるほど、すごくいい問いね。ジョージ君が鋭さを取り戻してきているのがわかる。私も、自らの意志を自分に問うことにした。考え始めると同時に、〝これまでの私たちのやり方〟をそのまま応用すればいい、ということに気がついた。

つまり、〝事実から気づきを得て、それらを統合してリフレームすることで仮説を出し、そのインサイトからどうしていくかを考える〟というフォーサイト・クリエーションのやり方だ。

まずは自分についての事実を集める。自分に何があったときにどう感じたか、どう行動をとったか。そしてこれらの事実から、〝自分はどういう世の中にしていきたいのだろう?〟と考えることで、自分を深く理解しようとする。まさにこれがメタ認知のプロセスなんだろう。

ジョージ君も私もいろいろと考えたが、結局は同じ結論に行きついた。バーキンス課長に伝えたのと同じこと、すなわちジョージ君は「もっと人は幸せであっていい。つらいことがあっても耐えられる、その元気のもとを届けたい」、私は「他者の自己実現を助けたい」だった。

ドロレスが感心したように言う。

「2人の思いは素晴らしいわ。それと、どちらの思いにも、共通するところがあるわね。ひょっとするとアートもほとんど同じ意志を持っていたんじゃないかしら」

ジョージ君が、話し始める。

「アートさんと僕が折った折り紙のシンボルの形と、3人の体から出た枝の共通するシンボルの形、そして今回メタ認知したシンボルの形が、全く同じだったのは偶然ではないと思います。3人の意志は同じだったんですよ。だからうまくやれていたんです。そうだ、思い出しました。このあいだ街でばったり会ったときにアートさんが最後に言っていた言葉、覚えてますか?」

　私には、ジョージ君が何を言いたいのかがすぐにわかった。

「世の中の人の心にエネルギーを供給していこうぜ、って言ってたわ。そう、これが私たち3人に共通する意志ね。あの最初のペンギンが示しているのはこのことなのね」

　私たちは次の日に会社に行くと、さっそく資料を集めて調べものを始めた。

　もちろん、フォーサイト・クリエーション・プロジェクトの意思決定をするために重要な、〝会社の意志〟を調べるためだ。2人で会社の社是や方針、そして歴史に関する情報を集めた。

　まず、社是を確認する。そこには「先誠後利」と書かれていた。ジョージ君が言う。

「これは社内で今でもよく飛び交う言葉ですよね。創業者の理念がこれだったみたいです。〝先《ま》ず誠実であれ、利はその後〟ってことですよね。目先の利益のためにお客さまに対して不誠実なことをする社員をよく叱っていた、という話は有名ですよね」

「とてもわかりやすいわね。あと、お客さまに対してだけでなくて、社会にも、関係する会社にも、社員にも、そして自分自身に対しても、誠実であれ、という意味も含まれていると資料にはあるわよ」

　次は今年の会社の方針だ。私は、正直にジョージ君に伝えた。

「真面目にやれ、と怒られそうだけど、会社の方針は社是ほどには頭の中に残ってなかったわ。どうしてかしら?」

「とにかく方針を確認してみましょう」

〝●●●●年度の方針〟という書類には、8つの約束が書かれていた。

①売り上げの拡大
②利益の拡大
③生産性の向上
④人材の育成
⑤地球環境保護への貢献
⑥これまでになかった新しい価値の創造
⑦基盤事業への回帰
⑧海外事業の底上げ

一読して、問題の本質はここにあるのでは、と私には思えた。ジョージ君も同じように思ったらしく、話し始めた。

「6番目に僕たちのプロジェクトが入っていますね。とてもありがたいです。それに、これらすべての約束が達成されたら、本当に素晴らしいですよね。だけど、これが方針だとすると、実務をする時にとても困りますね」

「そうね。仕事をするときに何を優先したらいいのか、がわかりにくいわね。例えば、利益と売り上げのどちらを優先するのか、とか、少々生産性が下がってでも人材の育成を優先したりはしないのか、とか。新しい価値の創造と基盤事業への回帰も、どちらが優先されるんだろう？ 会社の意志が見えにくいわね」

「どうしてこういう方針になったんでしょう？ いろんな立場の人がいるから、みんなの顔を立てるためでしょうか？」

「それはわからないけど、こういう形にしておくほうが賢い、という判断がどこかであったんだろうと思うわ」

次に、私たちは会社の歴史について調べ始めた。社史をみると、それぞれの時代において、世の中の変化を会社がいかに先取りして適応してきたか、が説明されていた。私たち2人にとって、特に印象的だったのが、会社が海外に進出したときのエピソードだった。

「ねえジョージ君、これ見て。先輩から聞いていた話と全然違うことが書いてあるんだけど」

「確かに、社員の中での通説とは異なることが書いてありますね。どちらが本当なんでしょう？」

会社が海外進出で成功したときにどういうアプローチを取ったか、は社員の中でこう語られていた。

〝綿密な計画をたてて万全の体制を整えたうえで、着実に海外市場に出ていった〟

しかし、10年以上前に書かれた社史の中では、それとは真逆なことが書かれていたのだった。

〝社員3人を、ある国にまずは送り込んだ。そして、小さくビジネスを始めてみた。すると、売り上げや利益は全く上がらず、その3人は大変困った。そこで本社に相談し、この国でのビジネスは難しいという話をしたら、だからこそ君たち3人を送ったのだ、と激励された〟

どちらが本当なんだろう？　私たちはこの疑問をパーキンス課長にぶつけてみた。即答だった。

「最初に3人だけ送り込んで始めた、というのが事実だよ。とにかくその国に行って、試行錯誤して、そこから学んだ、というのが本当のところさ。もちろん、事前に準備はしたけれど、隙のない完璧な計画があったわけではないね」

ジョージ君が不思議そうに聞く。

「〝3人だけで行った説〟のほうが本当なんですね。では、どうして〝綿密に準備した説〟のほうが通説になっているんでしょう？」

「後知恵みたいなものだろう。インサイトじゃなくて、ハインドサイトってやつだね。成功すると、後から物語が作られるものさ。どうしても、〝天才がすべてを見越していた〟というストーリーになりがちだ。成功した後に過去を振り返ると、すべてが緻密で計算しつくされていたように見えるんだろうね。だから、行動が先にあって、その後に結果がついてきた場合でも、すべては事前に見えていた、という後づけの物語になってしまう」

私には、思い当たることがあった。

「創造論と同じだわ」

ジョージ君が再び不思議そうな顔をする。

「メタさん、それどういうことですか？」

「進化論と対になる考え方に、創造論というのがあるでしょう？　例えば、眼という器官はものすごく精巧にできている、だから眼は創造主の神様が作ったものに違いない、という考え方よ。でも実際には、様々な突然変異があったうえで環境に適応して、今の眼になっていったわけでしょう？」

ジョージ君は、私の意図を理解してくれたようだ。

「なるほど。新価値創造も、成功の後には〝すべてを見越した神のような人が成し遂げた〟という創造論と似たような話になってしまう、ということですね。本当は、何がどうなるかわからない中、試行錯誤のうえで成し遂げた、というのが実態なのに」

「そういうこと。同じことは、私たちのフォーサイト・クリエーション・プロジェクトにも言えるんじゃないかしら。すべてを見越した神になろうとするんじゃなくて、どれだけ〝ボケた考え方だ〟と言われようが、まずは行動を起こして、そこから学んでいかないといけない、っていうことなんじゃないかしら？」

私たちの話を静かに聞いていたバーキンス課長は、会社の設立後間もない頃の話を聞かせてくれた。いつもの、落ち着いた声で。

「創業者は、トラックを1台だけ買って、この会社を始めたそうだ。そのトラックには社名と創業者のメッセージが書かれていて、街でたまたまそのメッセージを見かけたA社の人が、トラックを車で追いかけてきたそうだ。で、当時の小さな社屋にたどり着いて取引が始まったというのが、今でも大きな取引先のA社との関係のスタートだからね。とにかくアクションを取る、ということができないと、こういうことも起きないよ。すべてを見通して計画しつくしてからでないと動かないのなら、実質的には動けないのと同じだね」

とてもいい話だ。感銘を受けた様子のジョージ君が言う。

「そのトラックに書かれていた創業者のメッセージって、どういう内容だったんでしょう？　いずれにせよ、自分たちが何のために働いているのか、会社のアイデンティティを明確にすることが重要だと思います。もちろん、利益は欠かせないものだけど、それだけを目標にすると別の問題が起こると思います。社是は今も〝先誠後利〟ですし」

ジョージ君のこの話を聞いて、それって何かに似てる、と私は思った。

「学業成績だけを目的にする学生みたいなものね。本来は〝人間としての成長〟こそが目的で、そのためのプロセスとして〝努力をして学ぶ〟ということがあって、〝成績〟というのはその結果へのひとつの〝評価〟でしょう。でも、〝成績〟だけを目的にしてしまうと、自分の都合が優先されて不誠実なことが起こりそう。カンニングとか。会社もそれと同じで、〝事業の継続〟が本来の目的で、そのために〝社会やお客さまへの貢献〟を行って、その結果の評価として〝利益〟があるはず。でも利益だけが目的になってしまうと、短期的な利益を追う形になって不誠実なことが起こってしまい、長期的には信頼を失っていくと思うの」

バーキンス課長が我が意を得たり、とばかりに言う。

「今のメタさんの話と同じことを、創業者は考えていたようだよ。人のため、お客さまのために働く喜びを、って常々言っていたからね。それとチャレンジ精神が大事だ、ともよく言っていたな。〝チャレンジして失敗することよりも、何もしないことを恐れよ〟、って創業何周年かのときに言っていたのを覚えているよ。創業者は、若いときに勤めていた会社で新しい価値を提案したんだが、その実行を上層部から認められなかったので、独立することにした、というのがこの会社のそもそもの始まりだしね」

「あっ！」

とジョージ君が大きな声を出した。

「見つけましたよ、トラックの写真。創立〇周年のときの社内報に、創業時の写真として例のトラックが載っています」

「トラックに書かれたという創業者のメッセージは、その写真で読み取れそう？」

「写真が古くてはっきり見えにくいですけど……」

と言いながら、ジョージ君が目を細めたり、写真をライトにあててみたりしている。

そして、ジョージ君の動きが止まった。何かを飲み込んだかのようにぐっと喉を鳴らすと、私に写真を手渡した。

古ぼけた写真の中のトラックには「人の心にエネルギーを」と書かれていた。

ジョージ君と私は、しばらく呆然としてしまった。アートさんも含めた3人の思いと同じだったからだ。

バーキンス課長が、写真を眺めながら、言った。

「これって、我が社のブランディングだよね。どういう世の中にしたいのか、どう社会に貢献したいのか、それが会社の意志となって世の中に伝わっていく。〝人の心にエネルギーを〟は、私たちの会社のブランディングそのものだ」

そして、私たち2人は強く決意した。会社の意志と、私たちの思いは同じだ。そしてその思いはRe:YOUに込められている。このことを訴えよう。そして、とにかく最初のアクションを始められるよう、説得しよう。


ジョージ君と私の意志は明確になった。私たちのガソリンタンクは満タンではないけれど、まだ充分走り続けることができそうだ。ただ、ジョージ君が、おとなしくなってしまった。どうしたのだろう？

「どうしたの？　技術の件が心配なの？　それともアンケート調査で却下されている件をこれで覆せるかどうか、不安なの？」

私の問いかけに対して、ジョージ君は言った。

「いや、アートさんのことです。彼も僕たちと同じシンボルを心に持っていました。ペンギンです。しかし、アートさんはここにはいない。それがとても残念だと思って」

確かにアートさんがいないのは残念だ。くやしい。しかし、私たちの会社の創業者も、意志を

自分ごと

新価値創造は、他のイノベーションがそうであるように、最初は「個人の思い」からスタートする。「こういう世の中にしたい」という思いと直結しているからこそ、最後まで成し遂げることができる。「会社の指示で考えた」「儲ける方法を検討した」といった提案がうまくいかないのは「自分ごと」ではないからである。

持ってこの会社を立ち上げた。それと同じ意志のもとに行動を起こそうとしている私たちは、あきらめるわけにはいかない。どれだけの苦難がこれから待ち構えていようと。

玉⑦「メタ認知」

メタです。一緒に振り返りましょう。

「新価値創造」と「プレゼントを贈ること」が似ているということは既に説明しました。喜んでもらえるプレゼントを贈るためには、贈る相手のことを深く理解する必要があります。今回、よいプレゼントをするためにはもう一つ重要なものがあることを学びました。それは贈り手の意志です。どういう価値を相手に届けたいのか、という意志を明確にする必要があります。つまり、よいプレゼントとは、「贈る相手の深い理解」と「贈り手である自分たちの意志」が統合されたものであると言えます。

企業が新価値について意思決定するときも、同様です。自社の意志を明確にする必要があります。このときに、2つの「自社のメタ認知」が必要です。

1つはブランディングです。自分たちの会社は、どういう世の中にしたいのか、どういう価値をお客さまに届けていきたいのか、自社はどういう姿を目指すのか、という自社の哲学が明確になっている必要があります。

もう1つは、自社の強み（ストレングス）です。文化や技術など、どういう強みが自社にあるのか、をメタ認知する必要があります。ドラッカーの言うように、「何ごとかを成し遂げるのは、強みによってである。

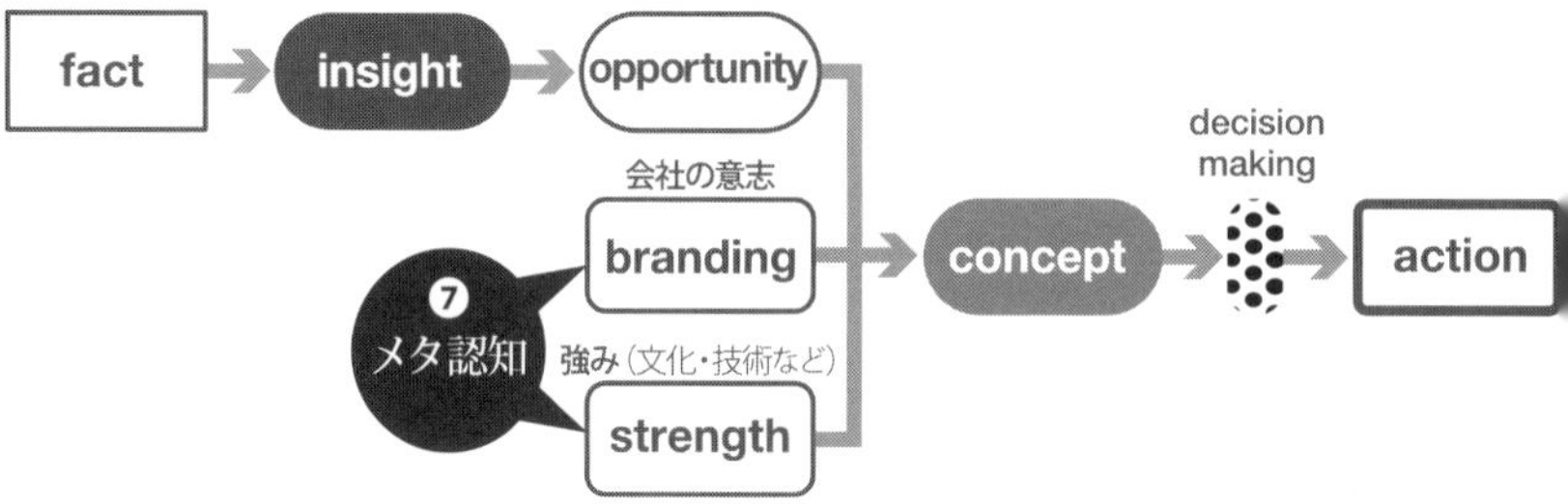

弱みによって何かを行うことはできない」ので、自らの強みを自らがしっかりと認識しておく必要があります。しかし、我々個人が自分自身のことをメタ認知するのが難しいのと同様、企業が自社の意志や強みをメタ認知するのはとても難しいのです。我々は、他者のことは細かく観察することができます。その時々にどんな表情をしているか、などを注意深く観ることが可能です。しかし、自らの表情は自分で細かく観察することはできません。自分の会社についても、それは同様です。

自分たちを理解するためにも、他者を観察することが重要なのです。私たちが異国に行くと、その土地の文化を理解することができます。そしてその結果、自分たちの文化を理解することにつながります。つまり、その土地で当然となっていることが、自分たちの文化と違うことが、自分たちの文化がどうであるのかを気づかせてくれるのです。これがメタ認知です。

もちろん、すべてはオポチュニティ（市場の洞察に基づく市場機会）が明確にあったうえでの話です。つまり、企業がフォーサイトを生み出すためには、「オポチュニティ」と「ブランディング」と「ストレングス」の3つを統合する必要があるということです。


フォーサイトを創造するにあたって、「価値」と「事業性」はどちらを先に検討すればいいでしょうか？　お客さまに提供する「価値」が存在しなければ、利益をあげることができないので「事業性」はありません。また「事業性」がなければ、自社がどんどん身を削ることになり、継続的に「価値」を提供することができなくなります。

フォーサイトを考えるにあたって、最初に考えるべきなのは、「価値」のほうです。「どうすればお客さまに喜んでもらえるか」を先に徹底的に考えるべきです。そして、しっかりした「価値」が発想できた後に、「事業性」を検討するべきです。お客さまがお金を払っているのは「価値」に対してです。この段階で「事業性」を優先させてしまうと、自分たちの都合が優先されるだけで、その価値は長続きしません。お店側の都合ばかりが優先されるようなレストランに誰が行くでしょうか？「私が儲けたいので、これを買ってください」という営業担当者から誰が買うでしょうか？

「どういう人たちを、どのように幸せにしたいのか」という意味での「価値」をまず考え、提供する側の持続性を担保するための「事業性」をどう持たせるのか、をその後に考えるべきです。

どんなイノベーションも、最初は個人の思いから始まっています。ベルが電話を発明したのは、ベルに聴覚障害を持つ母親と妻がいたことが大きく影響しています。歴史を見ても、「どういう人たちを、どう幸せにしたいのか」を明確に持っている人が新しい価値を創造しています。つまり、イノベーションを起こし、新しい価値を生むには、個々人の思いを発露してもよい「場」が必要だということです。大企業であっても最初に設立する時は個人の意志からスタートしています。「個人の思いには興味がない、利益が出るかどうかがすべてだ」という考え方では、新しい価値は生まれません。

新たな価値を創造し、それを組織で実現しようとすると、3つの壁があります。1つ目は「意思決定の壁」です。いくら「世に出せば成功する価値」の案があっても、意思決定してもらえなければ、何も起こすことができません。2つ目は「リソースの壁」です。たとえ「よし、それをやってみろ」と意思決定してもらえても、新価値の案に取り組むリソース（人や時間や予算）を確保してもらえなければ、各自が手弁当で取り組むことになり、結局のところ成功に至ることはほぼありません。3つ目は「横連携の壁」です。たとえ意思決定がなされて、リソースが確保されたとしても、会社の中の複数の組織が横串で連携してアクションをとってくれないと、実現には至りません。

これらの壁を乗り越えていくために一番いいのは、会社や組織がメタ認知して、自らの意志と強みを深く理解したうえで新価値を創造することです。ただ、自組織のメタ認知が万全でなくても、個々人の思いを実現する環境があればイノベーションは生まれると思います。

また、新価値創造には試行錯誤がつきものです。一度も転倒することなくスキーの金メダリストになる人がいないように、成功は失敗の上に成り立っています。誰も登ったことのない山に登頂しよう、というのがイノベーションですから、試行錯誤、すなわちチャレンジしたうえで失敗することが許されないと、登り始めることさえできません。

「Learn and Do（すべてを学びきってから、行動を起こす）」から、「Do and Learn（行動を起こして、そこから学ぶ）」にリフレームしなければならないと思います。さらに、「Do and Learn」の前にしなければいけないことがあります。それは、「Unlearn（学んだことを意識的に忘れる）」です。ロシアの小説家トルストイの言葉が、このことをわかりやすく説明しています。

「どんなに愚鈍な相手であっても、頭を白紙にして聞いてもらえるのなら、このうえなくむずかしい問題を説明することはできる。しかし、どんなに聡明な相手であっても、その相手の頭の中に、すでに一片の疑問もなく事を知り尽くしているという固定観念が宿っていた場合、このうえなく素朴な事柄すら伝えることはできない」

つまり、Do の前に Unlearn できないと、いくら Do をしてもそこから学ばない、ということが起こり得るのです。

そして、さんざん考えた後に何も行動を起こさないと、どうなるでしょうか？　学習理論によると、それでは何も学んだことにはなりません。

何を贈ろうかプレゼントをさんざん考えたけれども、結局贈らなかったら、それがよいプレゼントだったのか、それともよくないプレゼントだったのか、全くわからないままです。つまり、学習したことにはならないのです。

新価値創造に取り組むには、「学び続ける」という態度が一番重要なのです。

最後に、『孫子』からの言葉を記しておきます。

知彼知己、百戦不殆

彼《かれ》を知り己《おのれ》を知れば百戦殆《あや》うからず

『孫子』（紀元前5世紀）　中国の兵法書で、孫武によって書かれたとされている。

第9章 スキルや知識よりも重要なこととは?

灰色のいつもの会議室。

この部屋にいると、どうも元気を奪われるように感じる。

なぜなのかはわからない。無機質な場にいると、刺激が少なくなり、発想が広がっていかないからだろうか? それとも、型にあてはめて考えるべきだ、と言われている気がするからだろうか?

私たちは社長へのプレゼンに向けて、説明資料の中身を詰めていた。

こういった仕事は、本当は「カモミール」でやりたかった。あそこにいると、クリエイティブになれるからだ。しかしそれはできない。会社のルールでは許されていないからだ。カモミールのような〝場〟が会社にも必要だ、と思う。思う存分〝ボケ〟てもいい場所がオフィスにあれば、と思う。ジョージ君と私にとって、この新価値創造のフォーサイト・クリエーション・プロジェクトだけが仕事ではない。最初にフリップ課長から言われたように、通常業務もこなさなければならなかったので、疲労がかなりたまっていた。

それでもジョージ君は愚痴を言うでもなく、真剣なまなざしでこの新価値創造の仕事に取り組んでいる。私は、そんなジョージ君のことを密かに心配していた。彼のこのプロジェクトにかける思いと覚悟を強く感じるけれども、社長に説明してRe:YOU案が却下されたら、彼はアートさんと一緒にどこかに行ってしまうんじゃないだろうか。

どう説明するのかはもちろん大事だけれど、もう一つ重要な点があった。技術の問題である。Re:YOU実現のためには、どうしてもマヤ社長に、技術について協力していただく必要がある。実はジョージ君は既に行動を起こしていた。彼はマヤ社長が会社から出てくるのを待って思いを伝えようとした。

マヤ社長は驚いた。アポイントメントもないのに会社の前で夜遅くにジョージ君が待っているのだ。最初は最寄りの駅までの歩いている数分の間だけ話をさせてもらうぐらいだったが、あまりに待っている日が続くのでマヤ社長は音を上げた。

「わかりました。30分だけ時間を作ります。だから、もうかんべんしてください。明日15時に会社に来てください」

次の日、ジョージ君は出かけていって、マヤ社長に熱く語った。なぜRe:YOUなのか、そこにかける思いは何か、いかにその思いが自らの人生とつながっているか、を。マヤ社長は黙って聞いていたが、ゆっくりとこう語り始めた。

「わかってください。私も、あなたの案は大好きなんです。あなたの言う、人の心にエネルギーを、という考え方に大変共感します。自分で創業したこの会社の事業にかける思いは、私自身の人生と深くつながっています。しかし、今のところ我が社のお客さまはエグゼクティブな人たちなんです。一方、あなたの案はもっと幅広い顧客層を想定しています。今ターゲットをそこまで広げるつもりはないんです」

いくら思いが同じでも、別々の会社である以上、ただちに一緒にやれるわけではない。

「その案を語る人って、どうしてこうも押しが強いのでしょうね？」

何のことを言っているのかはわからなかったが、ジョージ君としては引き下がるしかなかった。

マヤ社長の協力を得ることができないまま、社長へのプレゼンの日がやってきた。これまで私たちが奮闘してきた取り組みが、実施に向けて次のステップに進むのか、ゴミ箱行きになるのか、運命の時がやってきた。

ジョージ君と私、そしてパーキンス課長は、役員用の会議室に入っていった。すごく広い。机も椅子も高価なものだ。壁は木目調ではなく、本物の木でできている。社長も、そして何人もの役員も、既に全員席についているが、とても静かだ。今までにない緊張感が私たちを包んでいく。

プレゼンの時が来た。ジョージ君と私は、落ち着いて説明をスタートすることができた。なかなかの滑り出しだ。

「フォーサイト・クリエーション・プロジェクトの、ジョージです」

「メタです」

「私たちプロジェクトのメンバーは、〝会社の将来を支える新しい価値を創造する〟というミッションのもと、プロジェクトを推進してきました」

ジョージ君は背筋を伸ばし、毅然としている。声にも自信が感じられる。その調子よ。

「新たな価値を考えるにあたって、私たちは〝答えから考える〟ことはやめました。そのかわり、〝気づきから始める〟というアプローチを採りました。なぜなら、答えを考える前に、問いを立てることが重要だ、と考えたからです。そのため、私たちメンバーは、

とにかく様々な〝場〟に足を運びました。そして、〝場〟で観察をすることで、気づきを得ようとしました。観察するときには、すべてを受け入れ、そこから学びを得ようとしました。日常生活においても、あらゆることに興味を持ち、多様な観点を切り替えることで、多くの気づきを得ました（①着観力）。そのプロセスで気づいた膨大な事実の中で、特に印象的だったものを3つ挙げます」

事実① 休日にレストランに行くと、隣でカップルが食事しているが、2人はほとんど会話していない。

事実② ある会社に行ったら、トイレに張り紙がしてあり、〝トイレットペーパーでイタズラしないで〟と書かれていた。

事実③ 年配の男性社員が誘い合わせて女性のいるお店に行く。

「これらの事実が一体何を意味しているのか、なぜそういうことが起こるのか、を推論しました（②アブダクション）。3つの事実のすべてが指し示すことを推論したところ、〝今、世の中には承認の貯金が足りていないのではないか〟という仮説を得ました。承認の貯金が足りていないので、人の見えないところで会社への不満を発散させようとするし、承認を得ようと夜のお店に行くのだと考えられます。そして、多くの人がリスクを取ろうとせず、無難な道を選ぼうとするのも、この承認の貯金が足りていないからではないか、と考えました。

さらに、〝どうして承認の貯金が足りなくなるのか〟という理由を考えました。それは〝人から人へのフィードバックが少なくなっているからではないか〟と。ポジティブなフィードバックも、ネガティブなフィードバックも、直接のコミュニケーションではすごく減っていると思います。そのために、自分が今どういう状態なのか、自分はどうありたいのか、が把握しにくくなり、〝自分自身への興味を失っている〟のではないかと考えました。冒頭の〝カップルが食事をしていても会話がほとんどない〟という事実も、最初は〝他人への興味を失っている〟と解釈しましたが、〝自分自身への興味を失っているのではないか？〟と解釈するに至りました。このように、それまでの常識的な解釈から脱却して、それまでにない観点と発想をもとに新たな仮説を生む（④リフレーム）ことができました」

ここで、ジョージ君から私に説明をバトンタッチした。

「ということで、私たちとしては、自分自身のことをもっと知りたい、理解したい、自分自身のことをもっと認めたい、自分で自分の承認の貯金をつくっていきたい、というニーズが世の中にあると考えました。これが私たちが得た、新規性と妥当性を兼ね備えた仮説（インサイト）です。

そこで私たちは、〝自分の心情を素直に吐露すればフィードバックが返ってくる聞き役〟と、〝自分が何を考え、どこに向かいたいのかを気づかせてくれる気づかせ屋〟の両方を兼ね備えた、〝気軽に自分を認めさせてくれる存在〟としてのモノ・サービスが必要なのだと考えました。

これが私たちの考える市場機会（オポチュニティ）です。従来から、〝元気を取り戻す〟という価値軸が存在していました。マッサージを受ける、美味しいものを食べる、がその例になります。今回、私たちが提案したい新しい価値軸（④リフレーム）は、〝自分を理解し、自分を承認する〟です。

これまで、人とモノの間は、モノが人と人をつなぐ役割を果たしたり、モノは人の活動を補助する道具、という関係性が一般的でした。私たちが今回提案する価値は、人がモノに自己開示し、モノが人にフィードバックを返し、そのうえで人間が内省をするという、〝自分を見つめ直させてくれるモノとそのサービス〟です。これは、人とモノとの新しい関係性です。これを私たちは、Re:YOUと名づけました。このRe:YOUのコンセプトは、〝バーのママ〟です。Re:YOUは、話をしっかりと聞いてくれます。そして、フィードバックを返してくれます。ただし、ああしろ、こうしろ、と指示は出しません。あくまで聞き役であり、気づかせ屋なのです。これらの点で共通しているため、Re:YOUは〝バーのママ〟にたとえること（⑤メタファー）ができます」

ここから、またジョージ君が説明する。

「このコンセプトを実現させるために、組み合わせる（③統合）ことにしたのは〝センサーやデバイス〟です。具体的な仕様としては、様々なセンサーを通じて得た生体情報で、交感神経と副交感神経のバランスなど、感情の起伏を測定します。そして、一日の感情の揺らぎについて、特にポジティブだったときやネガティブだったときについてRe:YOUがユーザーに〝何があったの？〟〝そのときにどう思ったの？〟と問いかけをして、ReYOUがカウンセリングを行います。アドバイスを与えるというよりは、格言めいた言葉を渡したり、〝以前はよくこう言ってたけど、最近はこういう発言が多いね〟〝最近明るくなったね〟といったフィードバックを返してくれたりします。それにより、ユーザーは自分で自分の状態に気づき、理解し、自身からの承認を得ることで本来の自分を取り戻し、打たれ強くなり、自分の向かいたい道に進んでいくことができるようになります」

ジョージ君の説明は続く。

「では、想定する使用シーンを3つほど紹介します。

ケース1：

大手企業の執行役員（55歳男性）は、ある日社長になれ、という辞令を受けた。しかし、彼は人と仲良くすることが好きだっただけで、別に経営のトップになりたいと思っていたわけではなかった。そんな重責を自分は担っていけるのだろうか、と悩んでいることをRe:YOUに吐露する。ある時、Re:YOUから〝人と仲良くな

ることが得意なら、いろいろな人の意見を聞くことができますね〟というフィードバックをもらったことから、そういう自分の強みをいかした社長になればやっていけるかもしれない、と自ら気づく。そして、社長を引き受けることを決める。

ケース2：

小学4年生（10歳男子）は、今日みんなでサッカーの試合をしたこと、自分は審判を担当したことをRe:YOUに話す。最初は、審判もやってみると面白かったから平気だった、と言っていたが、話し続けるうちにだんだん悲しくなってきて、ついには泣いてしまう。しかし、その中でRe:YOUから「つらかったね」といった自分の気持ちに気づく言葉をもらうことで、自分は本当は試合に出たかったこと、本当に悲しかったのはチームのメンバーが自分を冷たくあしらったからであることに気づく。そして、次回はキーパーに立候補しようと決心する。最後にRe:YOUから、〝ミルクでも飲んだら？〟と言われて元気に台所に行く。

ケース3：

化粧品会社社員（26歳女性）は、同じ会社のある女性社員に対して腹がたってしようがないことをRe:YOUにぶつける。Re:YOUがじっくりと話を聞いてくれて、自身の言葉を繰り返してくれている間に、あることに気づく。それは、自分がその女性を羨ましく思っているのではないか、ということ。私はこうなりたい、と思っている要素をその女性が既に持っていることを、自分は苛立たしく思っているんだ、と理解した彼女は、次の日から彼女から学ぼうと決意する」

プレゼンの最後は、私が締める。

「私たちメンバーは、プロジェクトを進める中で、未来への展望(フォーサイト)の案をいくつも考えました。市場についての深い理解に基づいて、それらの案の妥当性を目利き(⑥先見力)した結果、このRe:YOUというサービスだ、という結論に至りました。私たちは、ぜひRe:YOUを実現し、ビジネス化するべきであると考えています。そう思うのには、市場での妥当性以外にも理由があります。我が社の創業者の、この会社を始めたときの意志と合致する、というのがその理由です。創業者が最初に購入したトラックに書かれていた言葉と、このRe:YOUが提供する価値がぴったりと一致しています。その言葉は、〝人の心にエネルギーを〟です。これが我が社の意志であり、世の中に存在する意義です(⑦メタ認知)。Re:YOUも、まさに人の心にエネルギーを提供するためのモノでありサービスです。ぜひこのプロジェクトが次の実践のステージに移ることをご承認いただきたいと思います」

プレゼンは終わった。すべてやり切った。あとは役員の人たちからの質疑応答にどう答えるかだ。さっそく何人かの役員から様々な質問が出た。ただ、その質問のほとんどは私たちにとって残念なものだった。なぜなら、内容がとても些細な点に終始しており、その発言からは前向きな雰囲気が全く感じられなかったからだ。「どこそこに課題がある」「そんな軽い考え方でうまくいくのか」「それをビジネスとして実施すると、新たな問題が生じないか」「他社事例はあるのか?」「俺の経験からすると、それはうまくいかないね」「そのサービスの運用プロセスは標準化できるのか」「もっと骨太なことを考えているのかと思ったら、スケールが小さいな」といった質問や意見はすべて、〝Re:YOUをやらない理由〟を一生懸命挙げようとしているかのように感じられた。

質疑応答が一段落すると、役員がみんな社長のほうを見るので、私たちも社長のほうを見た。このフォーサイト・クリエーション・プロジェクトはハワード社長からの特命プロジェクトだったことがここで判明した。すべてを決めるのは社長なのだ。役員の人たちとの議論を見守っていたハワード社長が、口を開く。

「いろいろなご意見があろうかと思うが、私は素晴らしい案だと思う。まさに我が社の新たな歴史を作るのにふさわしい。新しい価値を生むためには、3つの条件を満たしていることが必要だと思う。1つ目の条件は市場の深い理解だ。人は自分自身を承認したい、というインサイトは深いし、〝聞き役〟と〝気づかせ屋〟のモノ・サービスに対する市場機会は間違いなく存在すると思う。2つ目の条件は、会社のブランディングと合致するかということだ。〝人の心にエネルギーを〟は我が社の創業時からの意志であり、見事に合致している。ただ、Re:YOUは3つ目の条件を満たしていない」

「それは何でしょうか?」

とジョージ君がすかさず聞く。

「我が社の強みだ。Re:YOUを実現するための技術を我が社は持っていない。我が社の販売網で扱えるかどうかも微妙だ。いずれにせよ、カウンセリングの技術を、我が社が持たないと、Re:YOUは開発できない。その点はどうなっているんだね？」

ジョージ君は、

「カウンセリングの実績と技術を持つ会社のマヤ社長と、その方法論を使わせてもらう許可をもらうための交渉をしています」

と答えるしかなかった。

ホワイト部長が、ここぞとばかりに話し始める。

「マヤ社長には継続的に交渉を行っているのですが、何度お願いしてもOKをいただけておりません。なので、この案の実現はなかなか難しいと考えています。あと、顧客による評価アンケートでもよい結果が出ていませんので、通常の我が社のルールでいえば、既に却下されているはずの案です。ただ、いくら考えてもらっても彼らからはこの案しか出てこなかったわけでして」

バーキンス課長が、その話を受けて発言する。

「おっしゃるとおり、顧客アンケートでは支持が4割で、次のステップに移る基準となっている80%には達しておりません。ただ、新たに発想した価値が、画期的なものであればあるほど、アンケートでその有効性を立証することは困難です。その証拠に、〝アンケートで高い評価を得ないと次のステップに進めない〟というこの仕組みを採用してから、我が社からは新しい価値が生まれていないではありませんか。これほど画期的な発想に支持が4割というのは、私たちはかなり高い数字だと考えています。新しい価値を生むためには、我が社がこれから、〝自己承認する〟という文化を世の中に創っていくぞ、というぐらいの覚悟が必要です。今はまだそういう文化がないので、この案に価値があるのかどうかは見きわめられません。ですから、〝人の心にエネルギーを〟という当社の創業時の思いに立ち戻って、再び我が社をその方向性でブランディングしていくべきだと考えます」

ハワード社長の言葉を、全員が固唾《かたず》をのんで待っている。ハワード社長は、少し考えた後、こう言った。

「私は、Re:YOUはビジネス化するべきだと思う。問題は技術だけだ。マヤ社長との交渉は、実際のところどうなっているのかね？　めどは立ちそうなのかね？」

ジョージ君も私も、

「めどは立っていません」

と答えるしかなかった。しかし、ジョージ君はあきらめない。

「もう少し……、もう少しだけ、交渉する時間をください。1週間で構いません」

先ほどから細かい質問を繰り返していたある役員は、冷たくこう言った。

「期限は今日だ。プレゼンの日程はずいぶん前から決まっていたはず。交渉がまとまっていないのなら、この案はやはり却下せざるをえない。社長、最終的なご判断を」

会議室に、ほっとした空気が流れる。ジョージ君と私は、観察眼が高まったぶん、こういう空気の変化をとても敏感に感じ取る。せっかくここまで頑張ったのに、無理なのか。

私はジョージ君のほうを見た。ダメージを受けているだろうと思ったが、ジョージ君は平然とした顔をしていた。何かを決意したかのような顔だ。やはり、ジョージ君は強くなったのだ。もはや〝傷つきやすいダイヤモンド〟のような以前の彼ではない。彼は今や、〝最初に海に飛び込む勇気を持ったペンギン〟なのだ。

世界中の時間が止まったかのようだ。すべてが終わる、というのはこういう感じなのだろうか。さらに前に進んでいきたいと思っているのに、これ以上進むのを放棄せざるを得ない、とはまさに今のことなのだろう。私は、これと似たものを知っている、と思った。私はそれでも、あきらめを学びたくない。ジョージ君もそうだろう。あきらめを学んでしまった人には決してなりたくない。

ずらっと並んだ人たちが、みんな無表情に見える。私たちのこれまでの苦闘は、ダビデとゴリアテの戦いだったのかもしれない。圧倒的に不利な戦いだったが、それでも勝つべく奮闘してきたつもりだ。しかし、絶対笑おうとしない観客を相手に、一生懸命ボケて笑わせようとするなんて、そもそも無理な話だったのだろうか?

こうして突然変異しようとする遺伝子は抑え込まれてしまうのだろうか。そして私は気づいた。これは自分自身の危機だと。自分のマインドが老いていく、という危機なのだと。私は、今回のことをあきらめるかわりに、自分をあきらめないでおこう、と決意した。正確に言うと、決意しようとしたときに、会議室の外を誰かが走ってくる音が聞こえた。

ドアが乱暴に開けられた。そして、そこに立っていたのはアートさんだった。大事そうに大きな封筒を掲げている。

「技術は、大丈夫です。連携していただける、という了解をマヤ社長から取り付けました」

突然現れたアートさんはそう言うと、封筒から書類を取り出してハワード社長に手渡した。

それは、マヤ社長がRe:YOUについての連携を了承した、という覚書だった。

ハワード社長は、その書類を確認するよう、別の幹部に手渡すと、私たちのほうを見てにっこりした。そして言った。

「おめでとう。さっそくRe:YOUの開

発を進めてください」

一体何が起こったのか、一瞬私たちにはわからなかった。アートさんが目の前にいることが信じられない。そして会社が開発にGOを出したことが信じられない。しかし、信じられないことが2つとも現実なのだと理解できたとたん、私たちは歓喜に沸いた。

私たちは、お互いに握手しあった。ジョージ君、アートさん、私、そしてパーキンス課長が、順に強く握手をして喜びを分かち合った。

私たちの喜びが一段落すると、ハワード社長は言った。

「君たち、本当に大変なのはこれからだ。会社として正式にこのビジネスを開始するためには、社内のいろいろな組織を動かさなければならない。つまり、説得はまだ続く、ということだ。それは君たちが主となってやらなければならない。何しろ、提案したのは君たちだからね。これが実ビジネスとしてスタートするためには、君たち4人が今後も力を合わせていくことが必須になると思うが、どうかな。頼んでもいいかね?」

私たち4人は、すぐさま「はいっ!」と答えた。

4人は、大きな笑顔とともに、会議室を出た。しかし、そのときにはまだ、社長以外の役員が皆〝これはやっかいなことになった〟という表情をしていることには気づいていなかった。ジョージ君と私は、アートさんを質問攻めにする。

「どうして戻ってきてくれたの?」

アートさんはにこやかに答える。

「バーキンスさんさ。彼が何度も俺に会いに来てくれたんだ。熱心に、ジョージ君とメタちゃんと一緒にやっていこう、と言ってくれたんだ」

バーキンス課長は、私とジョージ君にはそんな話を全くしていなかった。見えないところでも、動いてくれていたんだ。

「一体どうやってマヤ社長の了解を取り付けたんですか？　僕が日参してもダメだったのに」

ジョージ君が聞く。

「実は、俺はマヤ社長の会社で働きたいと思っていたんだ。面接に行って、あの会社に移ろうと考えていたのさ。あそこなら、俺の思いを実現する仕事ができると思ってさ。でもバーキンスさんが、君たち2人が俺と同じ思いで今も活動していることを教えてくれたから、マヤ社長との最終面接でつい言っちゃったのさ」

「何を？」

「この会社で働かせてください、と言う代わりに、ジョージ君やメタちゃんや俺と組んでくださ い、って思わず言ってしまったんだ」

涙が出そうなぐらい嬉しい話だ。というより、私はもう泣いている。

「その後、マヤ社長から話がある、という連絡をもらって俺がオフィスに出向いたら、入社するようにと直接説得を受けてね。でも、俺からは一緒に組んでやらせてくれ、って言い続けて。押し問答が続いてさ。でも、俺たち3人の思いの話をしたら、結局マヤ社長もわかってくれたんだ。どうやら、将来的には一般の市場向けにカウンセリングを広げて、より多くの人たちの心にエネルギーを届けていくことを夢として描いていたそうだ。それを少し早めるのも悪くない、特に君たちとなら、と言ってくれたよ」

その後、ジョージ君はどういうわけかひとりになりたがった。社内の他の組織を説得する仕事を、今後自分たちがやっていかなければならないということは、ジョージ君にとって少しショックだったようだ。

そう、これで終わりではない。私たちの苦闘はまだまだ続く。しかし今日、果てしなく続く旅の一つの区切りを迎えた。ジョージ君は、ひとりで自分のことを振り返りたかったのかもしれない。

これから家まで徒歩で帰る、と言い出したジョージ君は、ひとりで歩き始めた。

その帰路の途中で、彼はあの不思議な世界へと消えていったのだった。

「この不思議な世界で、いつも知恵をさずけてくれるあの人が、ゆっくりとこちらに近づいてくる。いつも最初にさずけてくれる、知恵の言葉はまだ聞こえてこない。だまったまま、こちらに向かってくる。そして、初めてその姿をはっきりとこの目で見ることができた。なんと大きな存在なんだろう。威厳に打たれる、というのはこういうことなのか。そして、その顔は、どこかで見たことがある、親しみのある顔だ。あっ！」

「そう、気づいたかね。私は君だよ……。君の未来だと思ってくれればいい」

「あなたは僕の未来の姿……」

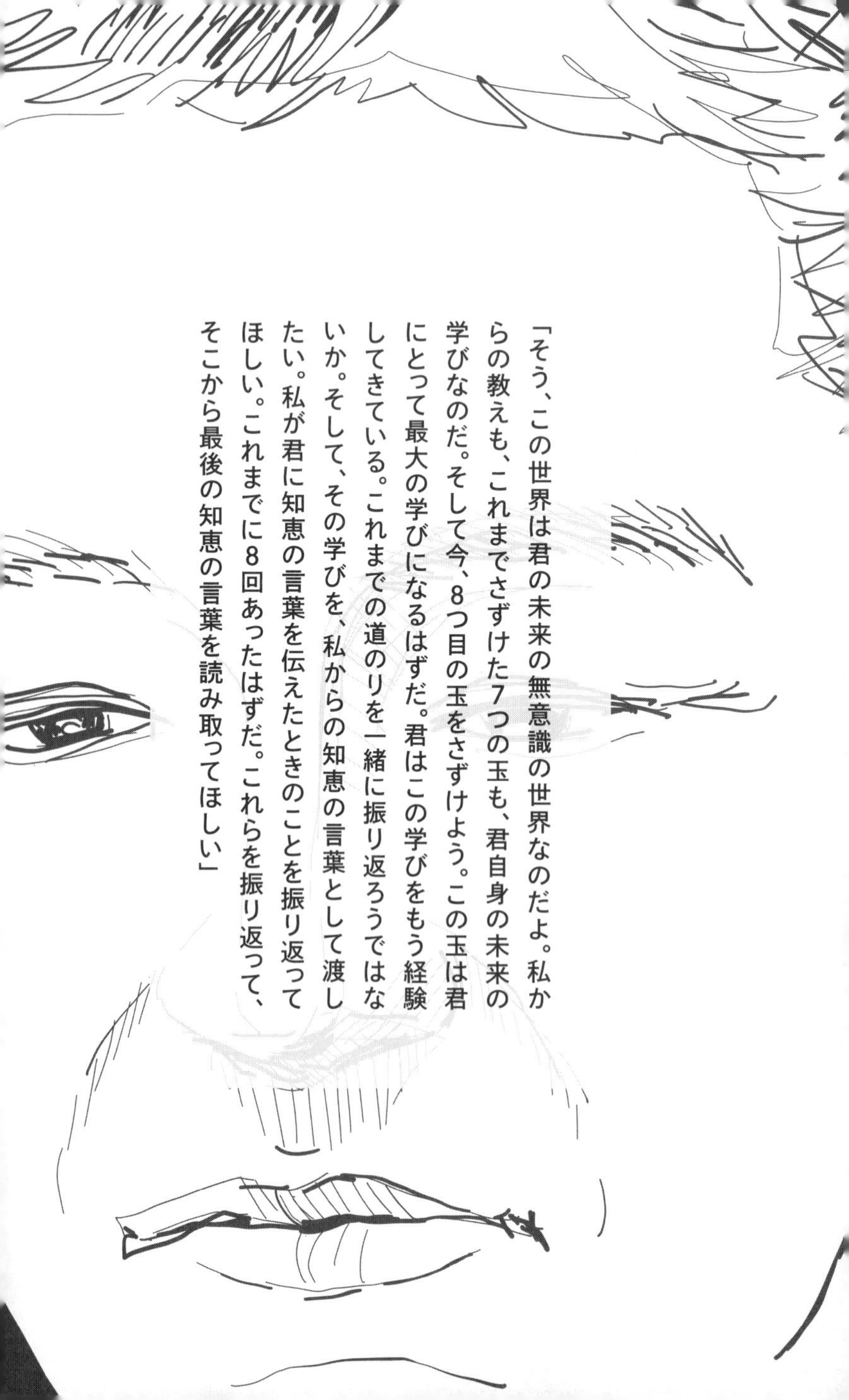

「そう、この世界は君の未来の無意識の世界なのだよ。私からの教えも、これまでさずけた7つの玉も、君自身の未来の学びなのだ。そして今、8つ目の玉をさずけよう。この玉は君にとって最大の学びになるはずだ。君はこの学びをもう経験してきている。これまでの道のりを一緒に振り返ろうではないか。そして、その学びを、私からの知恵の言葉として渡したい。私が君に知恵の言葉を伝えたときのことを振り返ってほしい。これまでに8回あったはずだ。これらを振り返って、そこから最後の知恵の言葉を読み取ってほしい」

「すべてが素晴らしい知恵の言葉だ。ここからさらに、何をどう読み取ればいいんだろう？」

「本の帯に開いている穴を使って、これまでの私の姿をすべて振り返りながらカッコと帯を合わせれば、見えてくるだろう」

「帯を使うと、文字が浮かび上がってきました。これらの文字を続けて読むことで最後の知恵の言葉をいただくことができました」

「これまで、喜びも苦しみも、いろいろとあったと思う。そのうえで、一番大事なものは何だったと思うかな？　まず、君は自己効力感を持ち続けた。自己効力感というのは、自分は何事かを成し遂げることができる、というマインドセットのことだ。状況が厳しくなると、自己効力感を失いかけたこともあったが、それでも基本的には自分を信じて取り組んできた。素晴らしいことだ。さらに、君は他己実現を大事にしてきた。他己実現というのは、他者の自己実現のために頑張ろうとするマインドセットだ。自分のためだけに頑張るのではなく、他者に貢献するため、を貫き通した。これも称賛に値する。そして最後はチャレンジ精神だ。慣れた環境から離れないのではなく、自ら未知の場に飛び出して、思いっきり発想を広げてみるというマインドセットだ。この3つのマインドセットがあったから、君は、そして君たち3人は、リフレームすることができた。ぜひ、これらのマインドセットを忘れずに、今後も奮闘を続けてほしい」

ジョージ君の未来の姿であるメンターは、そういうとジョージ君に赤い玉を渡した。「マインドセット」と書かれている。

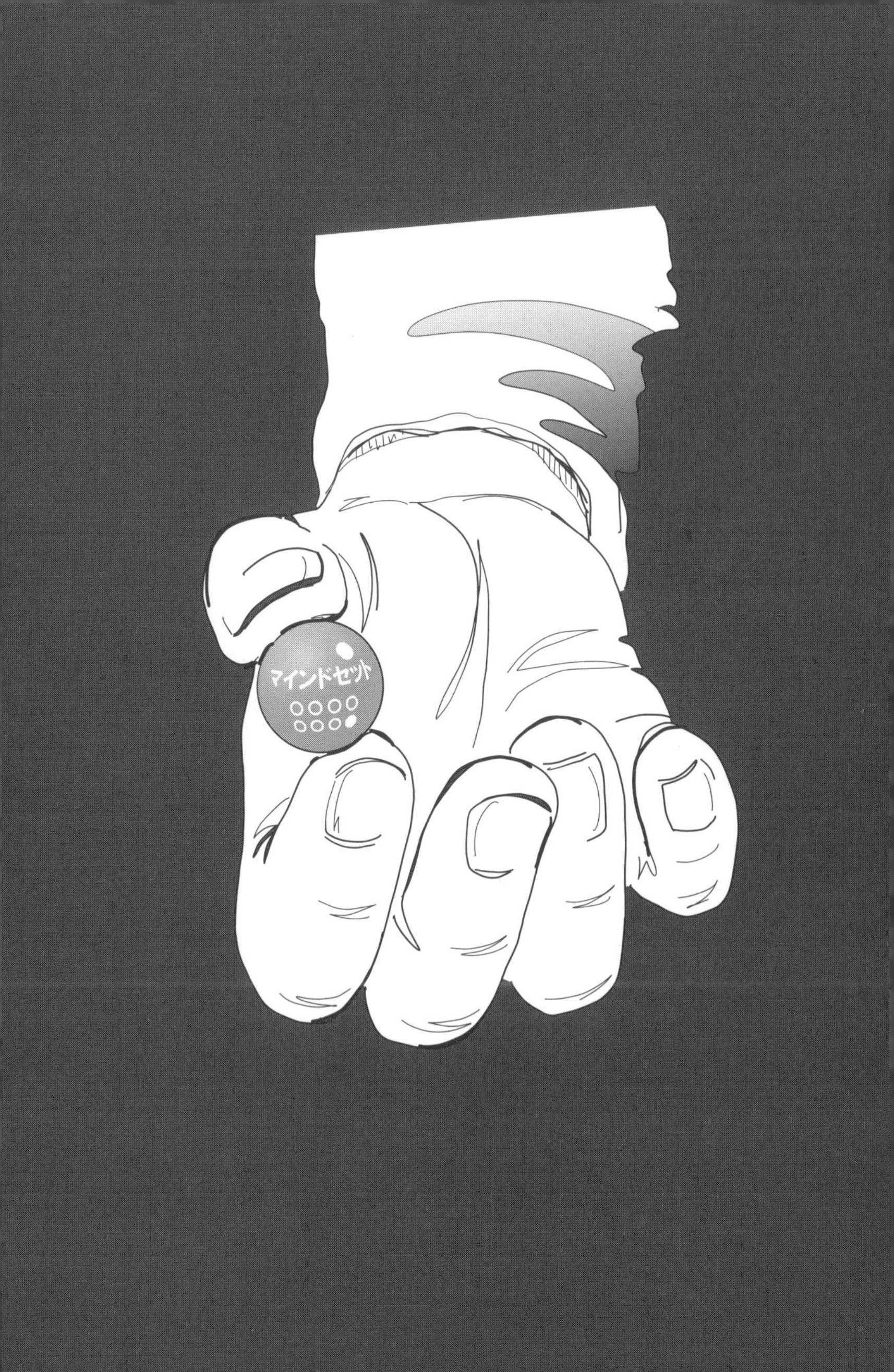
マインドセット

そうして、ジョージ君は〝現実の世界〟に戻ってきた。手には赤い玉がしっかりと握られていた。その赤い玉には、「マインドセット」と刻まれている。

このジョージ君の話を後で聞いた私とアートさんは、2人とも深くうなずいた。これまでの7つの玉はどれも重要だったが、この8つ目の玉が一番大事だと思う。棒で打たれ続けた檻の中にいる犬と同じように、私たちがあきらめを学んでしまっていたら、つまり自分の能力に懐疑的になり、自分のためだけに頑張り、言い訳ばかりするようなマインドセットになっていたら、それまでの7つの玉をすべて持っていても何も成し遂げることはできなかっただろう。そして、このマインドセットは、おかれている環境に大きく影響されてしまうことも、3人で確認し合った。そういう意味では、パーキンス課長の用意してくれた環境は、私たちのマインドセットを甦らせてくれたと言える。

そこからの会社の動きはものすごく速かった。驚いたことに、パーキンス課長が役員に任命された。この会社では前例のない、若い役員の誕生だった。そして、ハワード社長の指示で、〝第二の企画部〟が立ち上がり、パーキンスさんはそのトップに就いた。どこの会社にも〝通常の企画部〟があると思う。企画部は、会社の将来を考える非常に重要な部署だ。一方、〝第二の企画部〟は、〝今の延長とは異なる、非線形で飛び地の未来を検討する組織〟だ。ミッションは、長期を見据えて、〝会社〟と〝会社の提供価値〟を再定義することにある。つまり、正しい答えを出す、というよりも、新たな問いを立てていくための部署である。そしてジョージ君とアートさんと私の3人は、第二の企画部に配属された。やっと、新価値創造の仕事だけに専念できるようになったわけだ。

ハワード社長は次々と手を打った。バーキンスさんに社内の様々な部署を兼務するように命じた。同様に、ジョージ君もいろいろな部署を兼務することになった。ハワード社長の意図は、部門間の連携をよくすることだった。思い切った施策を実施しようとしても、営業部と開発部が連携しないなど、同じ会社の中なのに、部門間の連携が悪くて機能しなかったからである。それはまるで、同じ体内にあるのに助け合わない胃と腸のようだった。ハワード社長の明確な指示とバーキンスさんの奮闘にもかかわらず、部門間の連携は進まなかった。相変わらず社員はみな横を見ずに、そしてお客さまを見ずに、上を見て仕事をし続けた。

これではRe:YOUはいつまでたっても世に出ない、と考えたハワード社長は、さらに大きな意思決定をした。第二の企画部を、そのまま別会社にしたのである。社長はバーキンスさん、そして社員はジョージ君とアートさんと私の3人だけ。社名は(株)Re:YOUである。この辞令が出たとき、ジョージ君はものすごく素朴な質問をハワード社長に投げかけた。

「顧客のほうを向いて、顧客に価値を提供できるよう会社として動く、ということが、組織としてなかなかできないのはなぜなんでしょうか？　我々の会社が今あるのは、お客さまのおかげだと思うのですが」

この質問に、ハワード社長は明確には答えてくれなかった。顧客とは別に、気にしなければならないことがあるようだった。社長でさえ、何か別の存在を意識せざるをえない、ということな

組織のサイロ化

Siloという言葉には「穀物や飼料の貯蔵庫」という意味のほかに、「各部門が組織全体のことを考えず、自己部門のことだけを考えること」という意味がある。世界中で、「組織と組織の間の連携が悪い」ということが起きている。これはまるで、「胃と腸が連携しない」人間であり、健康な状態とは言えない。

んだろう。それは一体どういう存在なんだろうか？　株主のことを気にしているのだろうか？　それとも？　その答えはいまだにわからないままだ。

（株）Re:YOUが立ち上がるときに、マヤ社長にも出資していただいた。つまり、一緒に会社を立ち上げることになったわけである。こういう形になったことを、マヤ社長はとても喜んでくれた。なぜなら、ハワード社長の会社が持つ信頼を後ろ盾にして、より大きなビジネスに参画できる体制が整ったからである。

「カモミール」で、（株）Re:YOUの会社設立パーティが行われた。ここまで来ることができたのも、ドロレスのおかげだ。そのドロレスから激励の言葉をもらった。

「ついにやったわね。3人のマインドセットの勝利ね」

ジョージ君が驚いていた。8つ目の玉に書かれている言葉をドロレスが口にしたからだ。

「3人のこれまでの歴史は、〝成長のマインドセット〟と〝固定のマインドセット〟の戦いだったと言えるわね。みなさんは、知能やクリエイティビティは、いくらでも伸ばせると考えているでしょう？　それが成長のマインドセットよ。逆に、既にその人が持っているもので決まる、と考えるのが固定のマインドセットなの。固定のマインドセットを持っている人にとって、何か失敗するというのは、自分の未来永劫の無能さの証拠が露呈した、ということを意味するの。だって、能力は既に持っているもので決まる、という考え方だったら、そう解釈するのが当然よね。そうして固定のマインドセットの人は失敗の後に着実に失敗に向かうの。でも、成長のマインドセットの人にとって、失敗は学ぶチャンスだから、失敗した後は急速に成功に向かうの。だから、何か新しいことに取り組むときには、成長のマインドセットが欠かせないのよ。わかりやすい例で言うと、新しい発想のフォーサイトが提案されたときに、成長のマインドセットの人は〝それは難しいが可能だ〟と言い、固定のマインドセットの人は〝それは可能だが難しい〟と言ってしまいがちなのよ」

ドロレスの話には、いつも含蓄がある。さらに彼女の解説は続いた。

「そして、知性の戦いだった、と見ることもできるわね。ロバート・キーガンによると、知性には3段階のレベルがあると言われているの。まずは環境順応型知性。この人たちは〝周囲の人と合わせることで、信用を失わないようにしている人〟とされているの。つまり、判断の基準が自分の外側にある人たちね。そして、2つ目が自己主導型知性。この人たちは〝自分の思考の枠組みをもっていて、それを通して物事を見ることができる人〟で、判断の基準が自分の内側にしっかりとある人たちね。そして、3つ目が自己変容型知性。この人たちは〝今の自身の思考の枠組みも発展途上のものだと考えて、学び続ける人〟。判断基準は自分の内側にしっかりとあるんだけど、もっとよい考え方があればすぐに取り入れる人たちね。この人たちは科学的な思考を持つ人とも言えるわね。というのも、どれだけ学界で定説になっている理論があったとしても、もっと現象をうまく説明できる新しい理論を誰かが提唱したら、その理論をすぐに受け入れるのが科学の世界でのあるべき姿でしょう？　あなたたちの言うリフレームは、自己変容型でないとできないことなのよ。

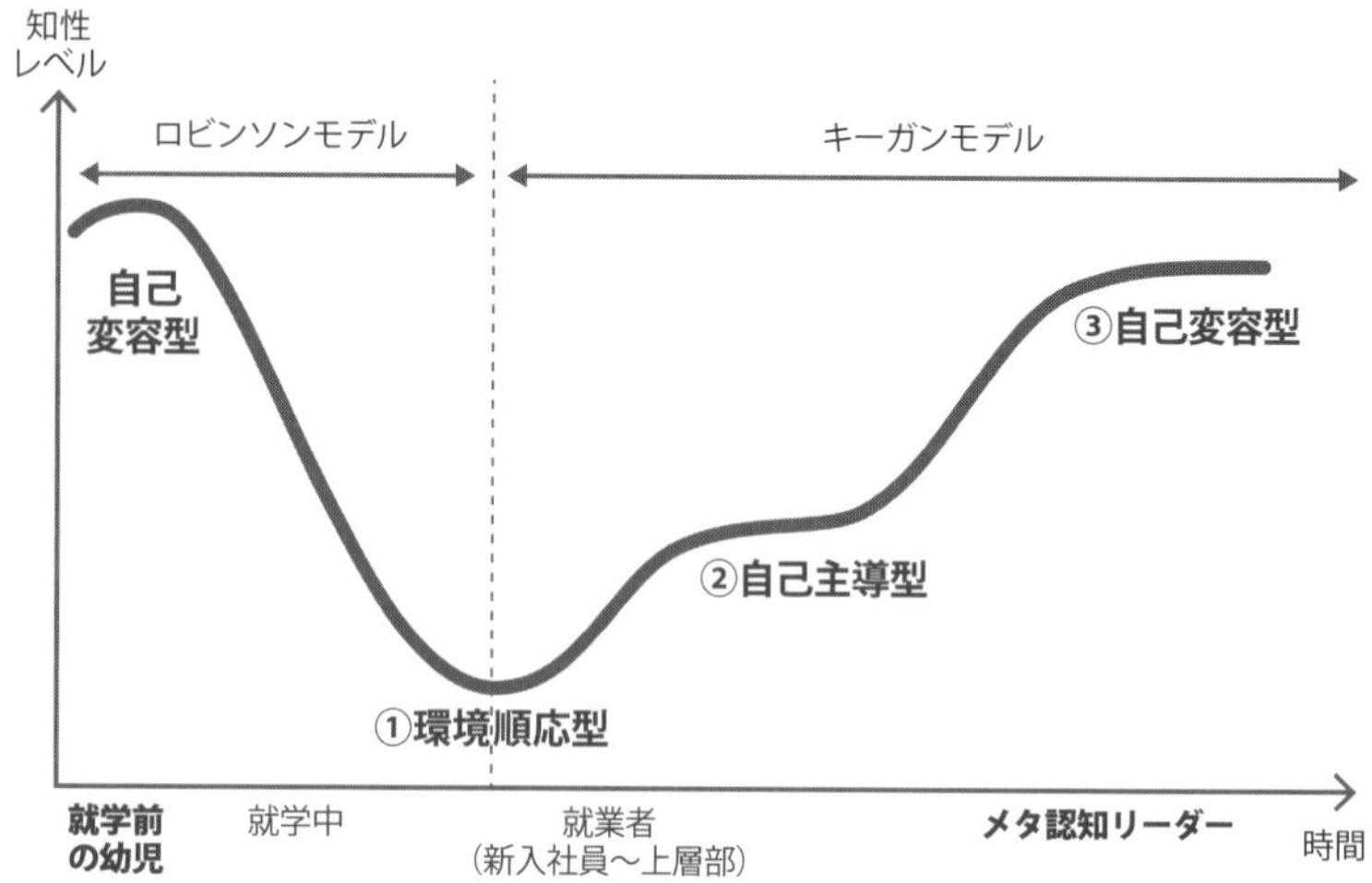

ロバート・キーガンとケン・ロビンソンの考え方を統合した図（行動観察研究所作成）

で、問題はこの自己変容型の人がどれだけ世の中にいるか、ということなの。ある説によると、1％もいないそうなの。そうなると、〝リフレームというのは、ごくごく少数の選ばれた人にしかできないことなんだ〟と思ってしまいそうになるわよね。でも、それは違うのよ。ケン・ロビンソンによると、すべての人間はリフレームできる素質を持っているの。なぜそう断言できるかというと、すべての人には自己変容型だった時期があるの。それは就学前の幼児のときよ。その時期に人間は、どんどん情報を収集して、ものごとのとらえ方をどんどんリフレームしていく。だから授業を受けて勉強したわけでもないのに、言葉が話せるようになるわけね。ただ、学校に入ると、集団という環境に順応しなければいけなくなる。そうして人間は環境順応型になっていくの。ぜひ、あなたたちはどこまで行っても学び続けてね。それが一番大事だと思うから」

さらに、ドロレスはとても重要なことを言った。

「これからも、あなたたちが何度か行き来した〝不思議な世界〟を大事にしてね。現実の世界では論理的であること、スキルをもっていること、サイエンスであることがすごく求められると思うけれど、想像力や思いやアートも重要よ。すべてを論理だけで考えようとすると、頭がおかしくなっちゃうから。これからもいろいろなWicked Problemに直面するだろうから、ぜひ意識の世界と無意識の世界の両方を大事にしてね。

生涯のパートナーを見つけるのもWicked Problemだから、相手を見つけるときに論理だけで決めてしまうのも、逆に直感だけで決めてしまうのも問題があるってこと、理解できるでしょう?」

ジョージ君、アートさん、私の3人は、ただただうなずくしかなかった。いつも聞き役になってくれることの多いドロレスがここまで能弁なのは、会社の設立をすごく喜んでくれているからだろう。

その後、Re:YOUが製品・サービス化されて大成功し、さらにはRe:YOUが一つの製品としてだけではなく〝人にフィードバックするすべてのモノ(例えば、頭の冴え具合を教えてくれるメガネ、身体の疲れ具合を教えてくれるイス、など)〟のブランドとしてありとあらゆるモノにそのコンセプトが応用されて世界中に広まり、その収益の一部を私たちの先見力を使って他社の新しい取り組みに常に投資してRe:YOUブランドでビジネス化することで継続的にイノベーションを起こし、最終的には収益の悪化したもとの会社を(株)Re:YOUが逆に吸収合併し、〝人の心にエネルギー〟を継続的に提供する会社になっていったかどうかは、また別の話である。

玉⑧「マインドセット」

私メタの振り返りも今回が最後です。

私たちの旅は、逆境だらけでした。いろんな人や状況から、「あきらめてしまえ」と言われ続けてきたようなものです。そんな中、一番大事なのは成長のマインドセット(growth mindset)でした。そして、私たちをあきらめさせようとした様々なことは、すべて固定のマインドセット(fixed mindset)からの発露であったと思います。

現状をどう認識するか、ということが一番の根本にあるのではないでしょうか。会社が船だとすると、今は台風のように強い風が吹いている激変のときなのか、それとも風は弱く波も小さくて安定しているときなのか。私たち3人は、どこかで「風が強くなっている」と感じていたのだと思います。固定のマインドセットの人たちは、それでも「リスクのあることはしないほうがいい」と考えているようでした。成長のマインドセットがあれば、「台風をチャンスに変えよう、強風だからこそ凧《たこ》を飛ばして高く舞い上がろう」と考えたと思います。

結局は、「自己効力感、他己実現、チャレンジ精神」のマインドセットを持てるかどうか、だと思います。

私たちは、「一緒に食事していても会話のないカップル」をなんとか幸せにできないか、と考えました。そしてその「カップル」の向こう側に、たくさんの人たちが見えました。それは「自分自身への興味を失っている人たち」です。その人たちに貢献すること、すなわち「他己実現」を一番大事にして、「チャレンジ精神」をもって「誰も登っ

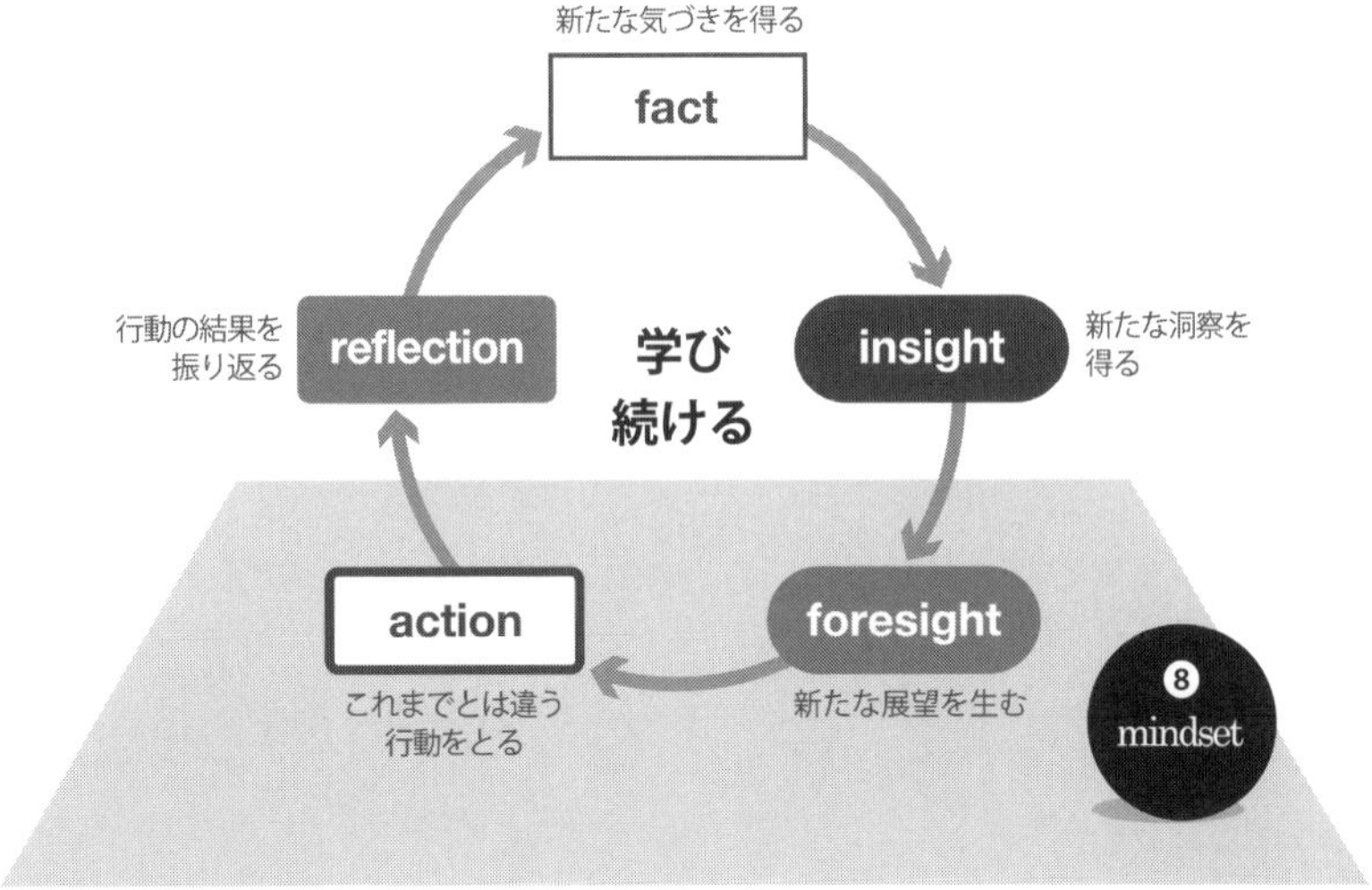

たことのない、霧のかかった山に登ろう」とし、苦難の中で「自己効力感」を失うことなく、なんとか登りきることができました。

つまり、私たちの「ファクト（気づき）」→「インサイト（洞察）」→「フォーサイト（展望）」→「アクション（行動）」→「リフレクション（振り返り）」のプロセスを支えたのは、成長のマインドセットだったのです。

このマインドセットを維持するためには、2つの重要な要素があると思います。そのひとつ目の要素は、環境です。心理的安心が確保されている環境でないと、クリエイティブな発想はできないと思います。その心理的安心のある環境というのは、「個々人を信じてもらえること」と「ボケても大丈夫」の2つが保証された「場」です。

パーキンス課長が提供してくれた「場」は、まさにそういう環境でした。ドロレスのお店も、そういう「場」でした。「個人を信じてもらえず」

「ボケたらすぐにツッコまれる」ような「場」では、萎縮するばかりで、あきらめを学ぶしかありません。

もうひとつの要素は、仲間です。一人ぼっちでは、マインドセットは維持できません。いろんな人たちが仲間として結束している必要があると思います。私が出会ったのは、以下のような人たちでした。

・自問自答する担当者：ジョージ君
・異質な相棒：アートさん
・メンター：ドロレス、神々しい怪物
・実現に向けて動くリーダー：バーキンス課長
・全体の統率者：ハワード社長
・実現のための外部の力：マヤ社長

私？　私はどういう役割を担っていたんだろう？　ジョージ君の状態を本人にフィードバックする人、でしょうか？　うまくいっている時には「いい感じね」とフィードバックし、そうでないときにはその旨を伝える役割をしていたように思います。見守りながら応援する人ですね。

少なくとも、これだけの仲間が新価値創造の実現には必要なのだと思います。仲間がいたから、次々と現れる壁を乗り越えていけたのだと思います。

新価値創造を成し遂げるためには、打たれ強くないといけない、と思います。というのも、新しい価値が実現するときには、以下のようなプロセスを経るものだからです。

①無視される（話を聞いてももらえない）
②怒られる（言うことが軽い、うまくいくはずがない、と叱られる）
③「それがうまくいくことは、最初からわかっていた」と言われる（成果が出ると、評価が変わる）

こういう現象が起こるのは、結局のところ「新しい考え方」と「それまでの考え方」とが摩擦を生むからだと思います。それは、ウロウロアリと働きアリの文化の摩擦なのかもしれません。では、なるべくうまく新価値を生み出すために、組織はどうあればいいのでしょうか？　気をつけないといけないことが、いくつかあると思います。

・新価値の意思決定をするポジションには、先見力を持っている人を選ぶ。つまり、顧客を深く理解し、意志を明確に持っている人である。目利きできるかどうかは、本来は役職とは関係がない。若い人たちがターゲットであれば若い人のほうが目利きできる、という場合もある。

・ウロウロアリと働きアリでは、大切にする文化もゴールも違う。そのため、別の部署にしたほうがよい。また、それぞれ異なる人事評価の仕組みが必要である。

・別の組織にしても、組織間の連携が取れずにうまくいかないのであれば、別の会社にして、ウロウロアリに適した評価制度と文化にすることが必要である。

会社の理念だった「先誠後利」は、私たちの学びの集大成の言葉だったといえます。まず「価値」、そしてその後に「事業性」。「先誠後利」はまさにその優先順位を明確に提示しています。

最後に、私の気づきを共有させてください。このフォーサイト・クリエーションの方法論は、プロセスや理論が整理されているとはいえ、まだまだサイエンスというよりもアートに近いと思われます。すべてを手順化できない以上、マインドセットを持った生身の人間が切磋琢磨して取り組んでいくしかありません。つまり、新価値創造は「手順」ではなく、「道《どう》」だということです。弓道や剣道のように、マインドが大きな位置を占めます。また、「正しく見る」という意味では、仏教の八《はっ》正道《しょうどう》と通じるものがあります。

フォーサイト・クリエーションの方法論は、新価値創造だけではなくて、人生の様々なことに応用できる汎用性の高い方法論だと思います。

例えば、人生をかけて何に取り組もうか、どういう仕事に就こうか、誰と結婚しようか、などなど。これらの問いも、新価値創造と同じWicked Problemなので、フォーサイト・クリエーションを用いることで未来への展望を描けるものと思います。

「気づき」→「洞察」→「展望」→「行動」→「振り返り」、このフォーサイト・クリエーションのループを繰り返し回すことが、「学び続ける」ことなのです。

私も、これからの人生を引き続きフォーサイト・クリエーションで考えていこうと思います。みなさんも、ぜひ。

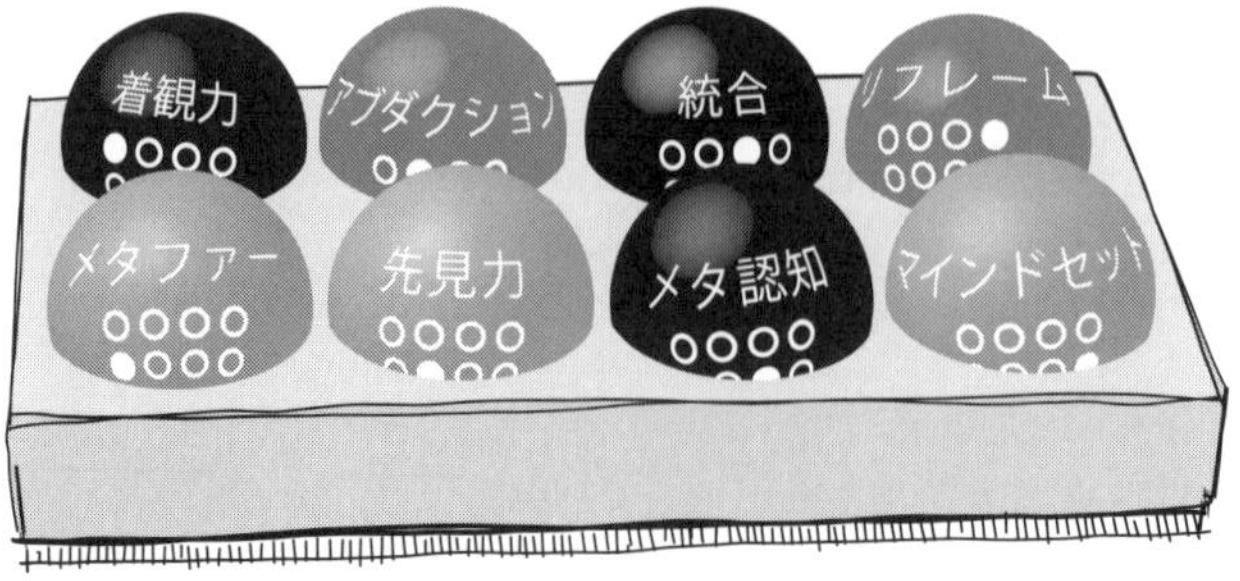

最後に、クーベルタンの言葉を記しておきます。

The most important thing in life is not the triumph but the struggle.

人生において大切なことは成功することではなく、苦闘することである。

ピエール・ド・クーベルタン（1863-1937）　フランスの教育者で、近代オリンピックの父

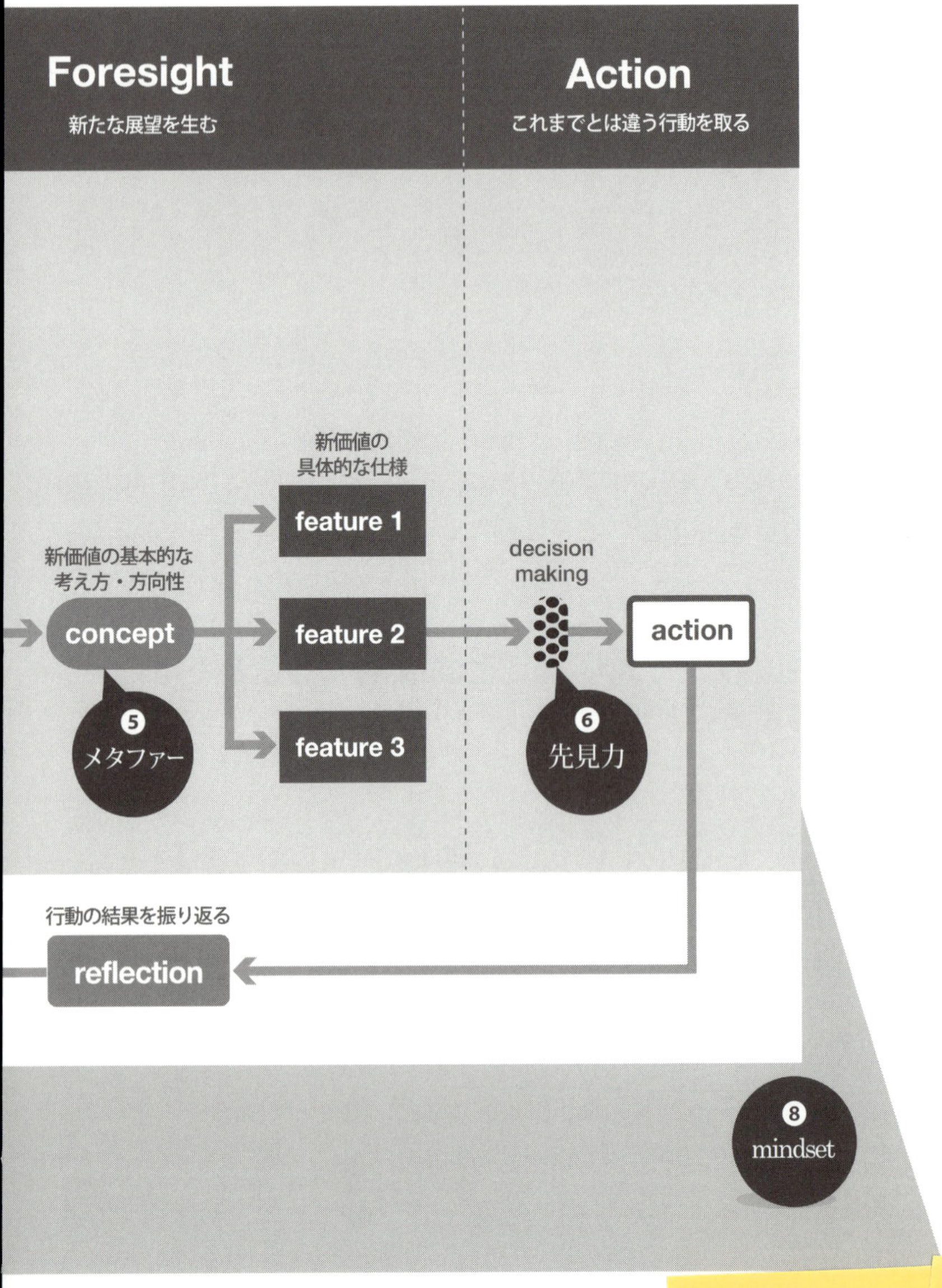
Foresight
新たな展望を生む
Action
これまでとは違う行動を取る
新価値の
具体的な仕様
feature 1
新価値の基本的な
考え方・方向性
concept
feature 2
feature 3
decision
making
action
5
メタファー
6
先見力
行動の結果を振り返る
reflection
8
mindset

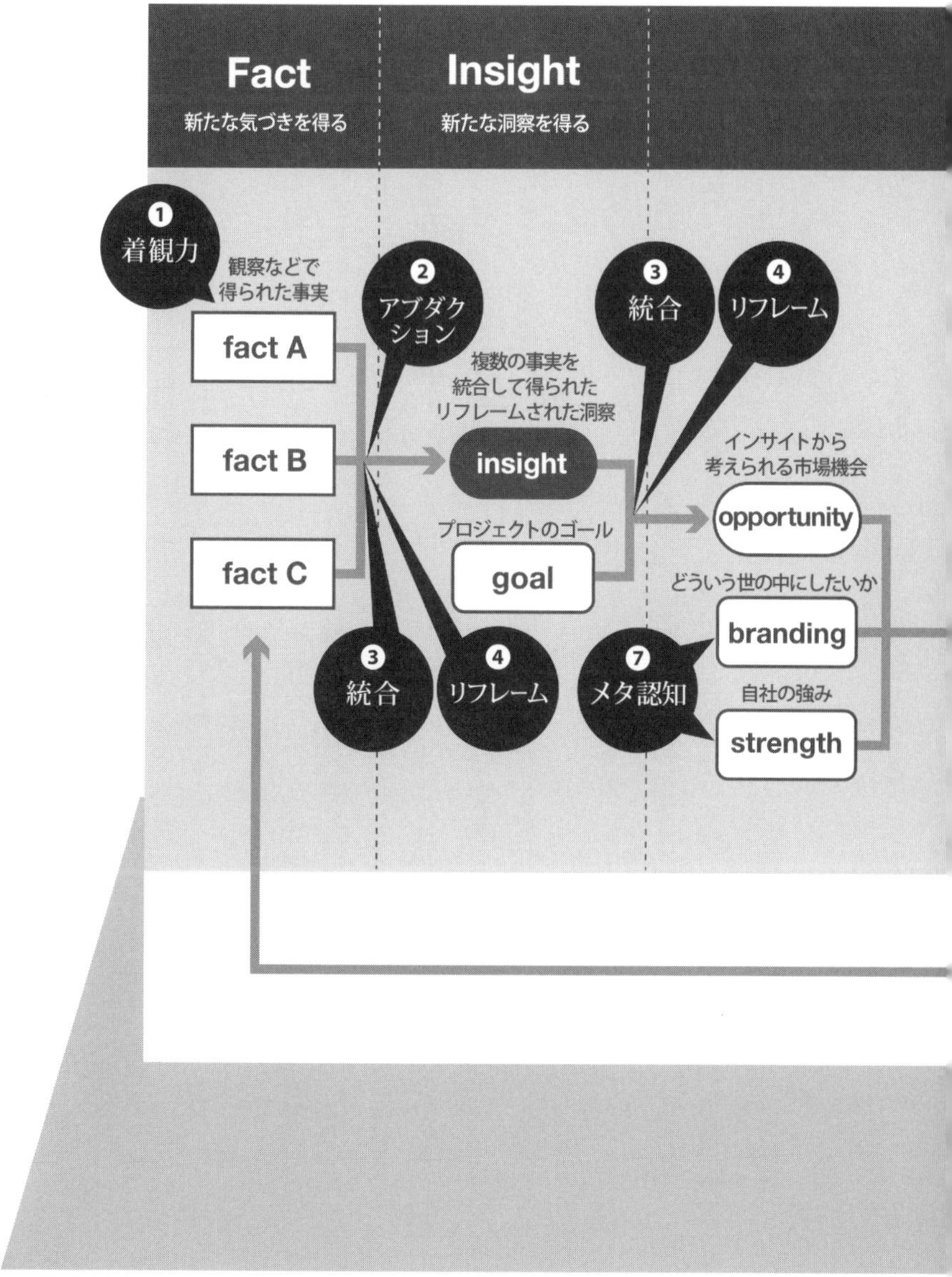
Fact
新たな気づきを得る
Insight
新たな洞察を得る
❶
着観力
観察などで
得られた事実
fact A
fact B
fact C
❷
アブダクション
複数の事実を
統合して得られた
リフレームされた洞察
insight
プロジェクトのゴール
goal
❸
統合
❹
リフレーム
インサイトから
考えられる市場機会
opportunity
どういう世の中にしたいか
branding
自社の強み
strength
❼
メタ認知

あとがき

フォーサイト・クリエーションのジャーニーは、いかがでしたか?

キャラクター設定と作画、デザインを担当した、ziba tokyo の平田です。最近、著者の松波さんとの協働をしばしば試みています。お互いインサイトを武器とする職業ですが、専門性の違いから思考過程の重心が異なり、いつもお互い新鮮な発見があります。本書では、松波さんの構想を聞いた段階で実在の人物が登場するアクティブ・ラーニングの教科書ドラマを妄想して、キャラクターを設定してみました。このキャラクターたちが、これからみなさん独自で展開するフォーサイト・クリエーションのシーンに登場して少しでも活躍できれば創造主冥利に尽きると、またまた妄想中です。

さて、2年ほど前から松波さんは大阪大学で Foresight School を主宰しています。本書に出てくる「Re:YOU」という新価値は第9章の挿し絵に描かれたロゴタイプを含め、受講者の創造物です。既に「8つの玉」に集約された Foresight School の方法論は、以下の具体的な成果を生んでいます。

① Foresight School の受講生のチームが、EDGE INNOVATION CHALLENGE

COMPETITION 2017というコンペで全国優勝した。

② 受講者である学生のみなさんが新たな価値を発想し、大手文具メーカーから商品として発売された。

③ Foresight Schoolは企業に対しても実施しており、方法論のプロセスと概念が整理されて会社の共通言語になり、組織内での議論がスムーズになったことが高く評価されている。

もちろん、この方法論は万能ではありません。松波さん曰く、「なるべく〝誰もがその考え方を学べる〟ように、実プロジェクトの実践や大学での講義、書籍などからの学びを言語化し、サイエンスにすることを試みていますが、新価値創造といったクリエイティブなプロセスにはまだまだアートの部分が多いです。本書で提案した内容が、今後のクリエイティビティに関する理論の発展につながれば、と思います」。

そのチャレンジとして我々は、「新たな価値を発想するには？」「新価値を、どう意思決定するのか？」という2つの主題に対する答えを、以下の3点を重視してストーリー展開を実行しました。

① academic：知的誠実性を大事にすること
② entertainment：楽しく読めること
③ self-development：学びがあること

この書籍が、「Wicked Problem（正解のない問い）にどう答えを出すか」にチャレンジしているみなさんのお役に立てば、著者共々これ以上の喜びはありません。

みなさんのフォーサイト（未来への展望）が新たに生まれることを祈念して……

ziba tokyo 代表　平田智彦

二〇一八年三月

企画、原作、文章：松波晴人（大阪ガス行動観察研究所）

デザインプロデュース、キャラクター設定、作画：平田智彦（ziba tokyo）

パズル制作、レイアウト：氷室拓磨、川島優

編集：田中浩史（講談社）

Foresight Creation 方法論：
松波晴人、矢島彩子、安松健、小田慶子
（大阪ガス行動観察研究所、オージス総研）

パズル：
1～4 章、6 章、7 章　松波晴人
5 章、8 章、9 章　　嶋田倫博（オージス総研）

チャート作成：森あゆみ（オージス総研）

「Re:YOU」原案：
青木香保里、河原沙也加、佐藤葉名香、松野玲音（大阪大学 Foresight School）

「お守り消しゴム」原案：
青木香保里、舘林香菜、長坂万有、松野玲音（大阪大学 Foresight School）

「人がつながる消しゴム」原案：
佐藤葉名香、水森百合子、三原一樹（大阪大学 Foresight School）

協力：松行輝昌（大阪大学全学教育推進機構 / 大阪大学 EDGE プログラム Foresight School 担当）

Special Thanks：山田祐子、竹本記子

Dedicated to 松波由里子

ザ・ファースト・ペンギンス　新《あたら》しい価値《かち》を生《う》む方法論《ほうほうろん》

2018年4月11日　第1刷発行

著者……………………松波晴人《まつなみはるひと》

デザインプロデュース…平田智彦《ひらたともひこ》

発行者…………………渡瀬昌彦

発行所…………………株式会社講談社

東京都文京区音羽2丁目12－21［郵便番号］112－8001

電話［編集］03－5395－3522

［販売］03－5395－4415

［業務］03－5395－3615

印刷所…………………慶昌堂印刷株式会社

製本所…………………株式会社国宝社

ISBN978-4-06-220990-8　N.D.C. 335　326p　19cm

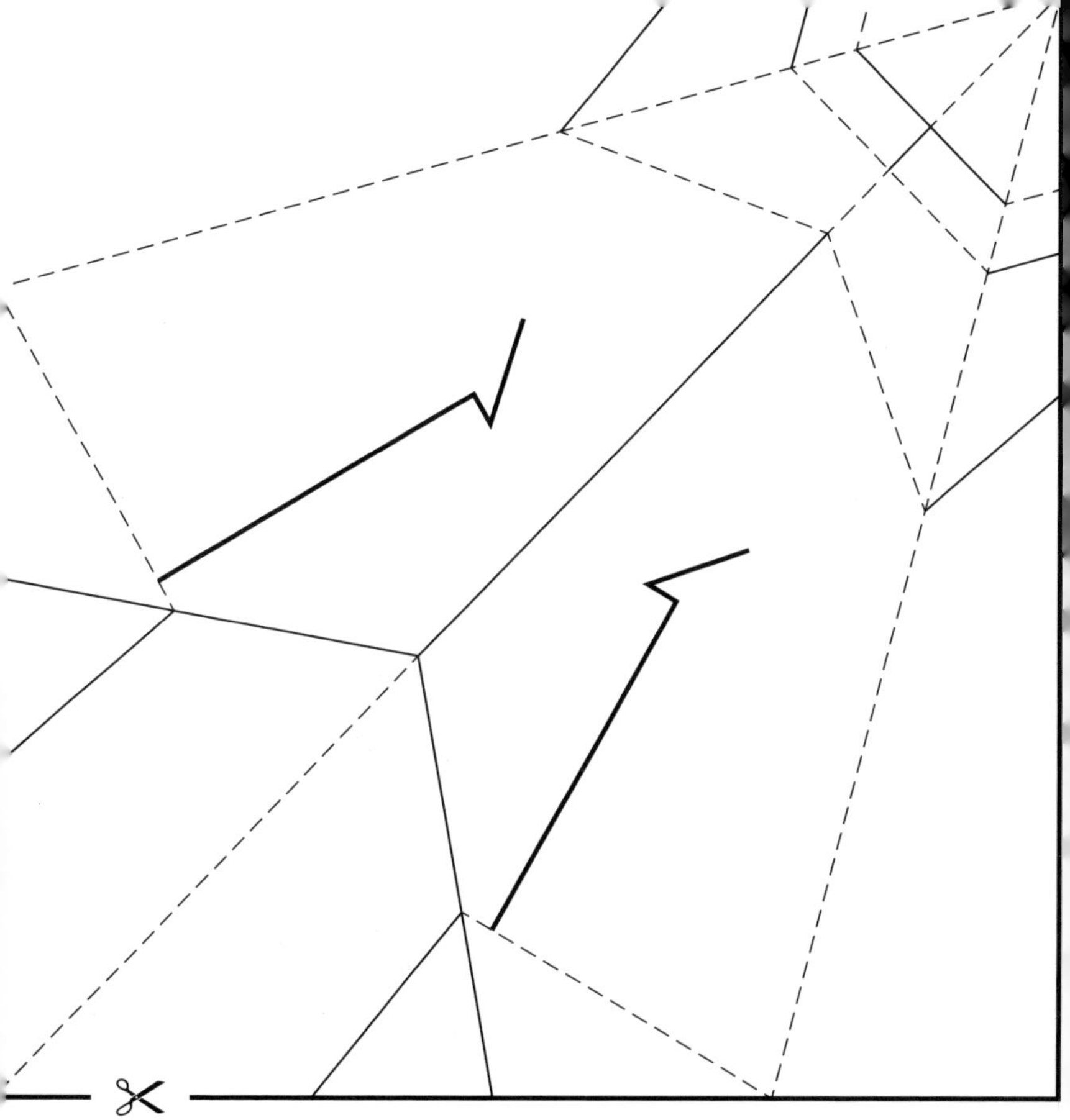

❶
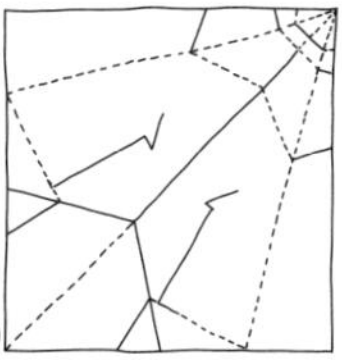

❷
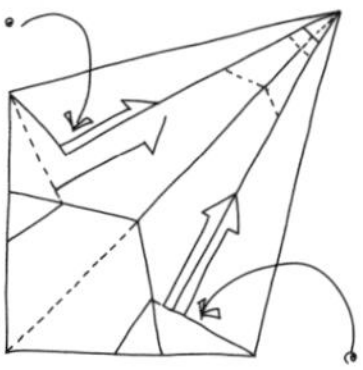

❸
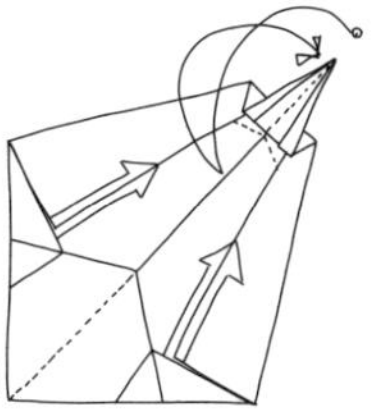

❹
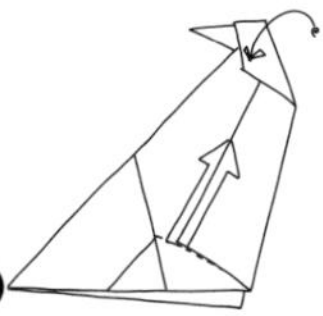

❺
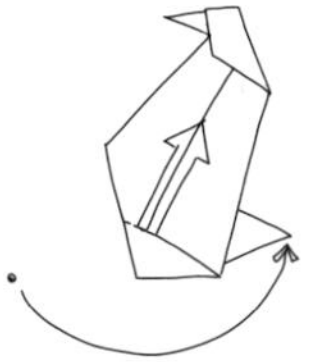

❻
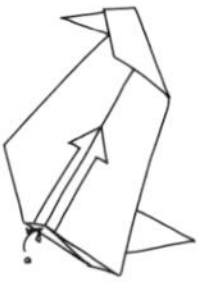